MELANIE JONAS
JÜRGEN KAFFER
MARGITTA SCHULZE LOHOFF

MIT FOTOS VON GABOR EKECS

IT'S *GIN* TIME

DELIUS KLASING VERLAG

Verlag und Herausgeber danken Diageo für die freundliche Unterstützung.

Darüber hinaus bedanken wir uns bei folgenden Rechteinhabern für die Abdruckgenehmigungen:
Auszüge aus Christopher Ecker „Fahlmann". (c) Mitteldeutscher Verlag GmbH
Auszüge aus C. S. Forester „African Queen": reprinted by permission of Peters Fraser & Dunlop (www.petersfraserdunlop.com) on behalf of the Estate of C. S. Forester. Für die deutsche Übersetzung: Aus dem Amerikanischen von Doris Kornau. (c) 2012 by Unionsverlag, Zürich. www.unionsverlag.com
Lyrics of „Piano Man": Musik und Text Billy Joel; (c) by Joelsongs/ Rondor Musikverlag GmbH (Universal Music Publishing Group)

Und natürlich bedanken wir uns bei allen Autoren, ohne die dieses Buch niemals entstanden wäre, genauso wie bei allen weiteren Mitstreitern.

Bibliografische Information der Deutschen Nationalbibliothek
Die Deutsche Nationalbibliothek verzeichnet diese Publikation in der Deutschen Nationalbibliografie; detaillierte bibliografische Daten sind im Internet über http://dnb.dnb.de abrufbar.

1. Auflage
ISBN 978-3-7688-3780-4

Lektorat: Birgit Radebold
Fotos: Gabor Ekecs
Einbandgestaltung und Layout: Jürgen Kaffer
Lithografie: scanlitho.teams, Bielefeld
Druck: Kunst- und Werbedruck, Bad Oeynhausen
Printed in Germany 2014

Delius Klasing Verlag, Siekerwall 21, D - 33602 Bielefeld
Tel.: 0521/559-0, Fax: 0521/559-115
E-Mail: info@delius-klasing.de
www.delius-klasing.de

”

Der Gin füllte seinen Mund mit wohliger Milde, doch statt die Kehle hinunterzulaufen, schien er in die entgegengesetzte Richtung, ins Schädelinnere zu fließen. Er hatte das Gefühl, als streichelte jemand seinen Kopf von innen.

AUS „WIR ERTRUNKENEN“ VON CARSTEN JENSEN

INHALT

SUNSET

DUSK

MIDNIGHT

DAWN

Olives

WENN DER GIN BEIM LESEN …

„Ach, du schreibst ein Buch? Worüber denn?"
„Über Gin!"
„Über Gin?!"
„Genau, über Gin. Du weißt schon, so 'ne Art Wacholderschnaps, aus Großbritannien, du hast doch bestimmt schon mal Gin and Tonic getrunken, Lieblingsgetränk von Queen Mum."
„Ach so, ja, ja, klar, selbstverständlich. Und was soll das für ein Buch sein?"
„Also … wie soll ich das erklären? Es ist auf jeden Fall kein Sachbuch. Es geht um ein Gefühl. Um das Lebensgefühl, das dich packt, wenn du mit einem Gin and Tonic am Strand sitzt und in den Sonnenuntergang guckst. Es ist einfach ein Buch, das Spaß macht."
„Hm, verstehe … klingt irgendwie – verrückt."

Verrückt, ja, das ist es wohl. Und wir können immer noch nicht erklären, was das für ein Buch ist, das Sie in der Hand halten. Was wir jedoch können, ist Ihnen zu erzählen, wie es dazu kam.

Ende 2010, Mumbai, Indien. Melanie (Nachname Jonas, erste Herausgeberin des Buches) sitzt in den Sesseln der Rooftop Bar *AER*. Sie plaudert mit Freunden und bestellt einen Gin and Tonic.
„Mit welchem Gin, bitte?"
„Äh, ich … weiß nicht, es gibt so viele. Ach, ich nehm einfach den Bombay Sapphire."
„Mit welchem Tonic …?"
„Wie bitte?"
„… und sollen wir ihn mit einer Zitronenscheibe, mit Limette oder mit Gurke servieren?"
„Tja – ich verlass mich da einfach auf Ihre Empfehlung."

Mitte 2011. Der Gin and Tonic, den sie über den Dächern von Mumbai getrunken hat, sei großartig gewesen, erzählt sie seither. Auch an diesem Abend, als sie sich mit ihrem guten Freund Jürgen (Nachname Kaffer, Grafikdesigner, Herausgeber Nr. 2 dieses Buches) in einer Bar in Hamburg trifft.

„Ich konnte das einfach nicht fassen. Ich trinke schon mein ganzes Erwachsenenleben lang Gin and Tonic, ich hab mich für einen Experten gehalten! Und dann sitze ich auf dieser Dachterrasse, der Kellner stellt mir zig Fragen, und ich kann keine einzige beantworten. Wann ist denn bitte Gin trinken zu einer Kunstform geworden?"

„Ach, was heißt hier Kunstform. Es gibt einfach wie überall etliche Möglichkeiten, etwas zu kombinieren. Aber wenn es dich so stört: Es gibt doch bestimmt Bücher darüber, wie über Whisky."

„Eben nicht! Ich war in mehreren Buchhandlungen und habe online gesucht. Deutsche Bücher gibt es schon mal gar nicht. Und die englischen sind alle – nun ja, wie soll ich das sagen – sie bringen keinen Spaß."

„Spaß soll doch auch das Trinken machen, nicht das Lesen darüber."

„Aber warum sollte ich denn über das Trinken etwas Langweiliges lesen wollen? Es wäre doch viel lustiger, wenn ich schon beim Lesen eines Buches das Gefühl hätte, dass mir der Gin die Kehle hinunterfließt."

Jürgen starrt an die Decke, denkt nach. „Na ja, das müsste doch funktionieren. Es dürfte kein Sachbuch sein, sondern eines, das Gefühle transportiert. Und so ein Buch könnten wir doch selbst machen."

„Oh ja, genau, Jürgen! Machen wir das? Wir machen das!"

Anfang 2013. Eineinhalb Jahre voller Treffen, Ideen, Verlagspräsentationen und Drinks (vornehmlich mit Gin, versteht sich) später. Melanie und Jürgen sitzen mit Margitta (Nachname Schulze Lohoff, Autorin und seit kurzem dritte Herausgeberin) in einem Hamburger Café. Den Vertrag mit dem Verlag haben sie vor einigen Tagen unterschrieben.

„Vielleicht könnten wir das Gin-Lebensgefühl transportieren, indem wir viele unterschiedliche Autoren über persönliche Erfahrungen und Leidenschaften schreiben lassen. Im Freunde-von-Freunden-Prinzip."

„Ja, sie müssen keine Experten sein, nur Gin-Trinker."

Einen Gin and Tonic auf …

… die Freunde unseres Fotografen Gabor Ekecs, weil sie mit so viel Spaß für unser Buch in Los Angeles gefeiert haben: Thank you, Anyes, Brian, Danielle, Don, Esma, Gio, Henner, Holger, Kevin, Kymm, Mary, Mika, Phil, Suna, Vince und Willie (siehe Seiten 8, 12, 42, 72 und 112).

„Genau, wir können eh keine Gin-Enzyklopädie erstellen. Es gibt Hunderte Gin-Marken weltweit. Und allein in Deutschland kommt gefühlt jeden Tag eine dazu. Das kann kein Buch abbilden."

„Das sollten wir auch reinschreiben: ‚Dieses Buch erhebt keinen Anspruch auf Vollständigkeit. Die Auswahl der vorgestellten Gins ist begrenzt und rein subjektiv.' Sonst erschrickt der Leser noch, wenn er plötzlich in einer gut sortierten Bar noch viele Marken mehr entdeckt."

„Er sollte eher erschrecken, wenn er dort nur eine Marke entdeckt. Davor sollten wir warnen."

„Ja, nichts wie raus aus der Bar!"

„Apropos Bar: Auch da können wir natürlich nur ein paar nennen. Gute Barführer gibt es genug."

„Genau, wir sollten lieber einen Autor eine Nacht lang in seine Lieblingsbar setzen und ihm einen Gin and Tonic nach dem anderen bestellen. Oder wir ziehen selbst eine Nacht lang durch Bars. In London zum Beispiel. Und natürlich müssen wir ein paar spannende Marken porträtieren ..."

„... und wir müssen über alles berichten, was man über Gin wissen muss: seine Geschichte, wie er wirkt, was man mit ihm kochen kann."

„Das darf aber auf keinen Fall langweilig werden!"

„Nein, natürlich nicht!"

„Wir könnten auch eine Bildergeschichte erzählen, die immer wieder im Buch auftaucht. Eine Nacht mit Gin. Ich habe einen Freund in L. A., Gabor, er ist Fotograf, er hätte bestimmt Lust darauf."

„Super Idee, lasst uns loslegen!"

März 2014.

„Hey, was macht euer Gin-Buch?"

„Das ist gerade erschienen."

„Ach echt, worum ging es noch mal genau?"

„Na, darum, warum es so viel Spaß macht, Gin zu trinken! Ein Autor erzählt über seinen perfekten Sonnenuntergangs-Moment, ein anderer hat ein Gedicht geschrieben. Es gibt Romanauszüge, Historisches, eine Bildergeschichte, einen Text über ein Martini-Seminar – sehr witzig übrigens – und eine Autorin hat über Queen ..."

„Schon gut, schon gut. Ehrlich gesagt, verstehe ich es immer noch nicht so ganz, aber hör jetzt einfach mal auf zu quatschen und lass mich endlich lesen!"

CAORUNN
Schottisch: Dieser Gin hat uns manche Buchkonferenz verschönert. Im G&T mit Apfel, Aussprache: Ka-runn.

SUNSET

RIECHT GUT! SCHMECKT GUT!

VON ANDREAS BEERLAGE

Alles, was wir essen oder trinken, führt uns an der Nase herum, auch der Gin. Doch bevor wir davon erzählen, müssen wir warnen: Lesen Sie diesen Text, ist unbeschwertes Trinken zukünftig nicht mehr drin.

Bravo, Sie lesen weiter! Das ist tapfer! Dann wollen wir mal loslegen: „Der schmeckt mir besonders gut", wird leicht gesagt. Geschmack aber ist eine wahnsinnig komplizierte Sache. (Oder eine total einfache, je nachdem, wie man es betrachtet.) Auf der Zunge und im Rachenraum beginnt es recht simpel mit den Einstufungen des Geschmacks in süß, sauer, bitter, salzig. Dann gibt es noch die Geschmacksrichtung „umami" (japanisch für herzhaft), von der man seit ungefähr zehn Jahren weiß: Fleisch, Käse und Tomaten sind lecker umami. Es soll auch noch Rezeptoren für fettig geben, darüber wird noch geforscht.

Diese Informationen entscheiden darüber, ob wir das, was wir in den Mund nehmen, gleich wieder ausspucken. Süß, das heißt nahrhaft, wegen der Kohlenhydrate. Sauer, das kann unreif oder auch faul heißen und damit auch „Achtung, Bauchschmerzen!". Bitter sagt uns: „Vorsicht, könnte giftig sein!" Und salzig ist wichtig, wegen der Mineralien. (Ja, als der Bauplan des Menschen vor Hunderttausenden von Jahren entworfen wurde, gab es noch kein abgepacktes Himalaya-Salz für fünf Euro das Kilo: „230 Millionen Jahre alt, mindestens haltbar bis 11/2014".)

So weit, so simpel, doch Schmecken ist ein wesentlich komplizierterer Vorgang, als die Nahrung in fünf oder sechs Geschmacksrichtungen einzuteilen. Finger, Lippen und Zunge befühlen zunächst die Speise oder den Trank. Unbewusst schnuppern wir schon vorher nach befremdlichen Indizien, die auf Ungenießbarkeit hinweisen könnten. Wir schauen genau hin, und auch das beeinflusst unseren Geschmack. So sind hochtalentierte Sommeliers oft nicht in der Lage, Rotwein und Weißwein voneinander zu unterscheiden, wenn sie mit verbundenen Augen kosten. Sie müssen die Farbe begutachten können, um ihr Wissen über einen bestimmten Tropfen abrufen zu können.

Vom so sinnlich knackenden Magnum-Eis wissen wir: Selbst das Ohr isst mit. Zunge, Mundinnenraum und Gaumen testen zusätzlich die Beschaffenheit des Materials: Sind noch grobe Brocken drin, die mir den Atem rauben könnten, vielleicht Splitter oder Dornen?

Nun kauen wir, oder lassen das Getränk über die Zunge rollen. Und erst jetzt passiert das, was die Magie des Geschmacks ausmacht: Geruchsmoleküle werden freigesetzt und schlüpfen durch das Hintertürchen Rachenraum in die Nase. Weit mehr als 90 Prozent dessen, was wir so simpel Geschmack nennen, besteht aus dem Geruch der Nahrung. Früher hat man „schmecken" gesagt, wenn man „riechen" meinte. In der Schweiz ist das heute noch so. Wenn es heißt: „Der Fisch schmeckt sehr", kann das also zweierlei bedeuten.

Der Geruchssinn ist unendlich viel sensibler und komplizierter als der Zungensinn. In der Riechschleimhaut sitzen 30 Millionen Zellen mit rund 350 unterschiedlichen Rezeptoren. Das Geruchsalphabet besteht also aus 350 Buchstaben, aus denen unendlich viele Geruchsworte gebildet werden können. Die Vanilleschote zum Beispiel setzt über 100 verschiedene Geruchsmoleküle frei, das Vanillin ist nur eines von ihnen.

Der Riechsinn hat eine Standleitung in entwicklungsbiologisch sehr alte Areale des Hirns: in das Limbische System. In dieser Hirnregion funktionieren wir wie etwas bessere Eidechsen, weit entfernt von jeglicher Intelligenz. Hier werden Gefühle generiert und Triebe von der Leine gelassen: „Ich komme in drei Tagen, wasche dich nicht", schrieb Napoleon an seine Verlobte und beweist mit dem Satz noch immer: Sex und Gerüche gehören untrennbar zusammen. Frauen kommunizieren über Geruch ihren Eisprung, passen im Freundinnenkreis die Menstruationszyklen an. Geruch gibt auch Auskunft über das Immunsystem eines Menschen und darüber, ob er als Partner möglichst widerstandsfähige Kinder zeugen könnte. Vom Zusammenleben allerdings sprechen wir hier nicht.

Manche Geruchsmoleküle greifen über den Blutkreislauf sogar direkt in unseren Hormonhaushalt ein: Jasmin wirkt wie ein Barbiturat, beruhigend und sedierend, der Bergamotte wird eine antidepressive Wirkung nachgesagt. Als würde das nicht reichen, hat der liebe Gott überall in unserem Gesicht und auch im Rachenraum die Rezeptoren des *Nervus trigeminus* verteilt, der unter anderem auf Schärfe-Reize reagiert. Kommen wir mit Chili in Berührung, genauer mit dem Wirkstoff Capsaicin, dann feuert der Nerv los. Uns steigen Tränen in die Augen, und wir spüren eine unmäßige Hitze. Gleichzeitig schüttet der Körper Endorphine aus, körpereigene Verwandte des Morphiums, die alle Schmerzen beseitigen und für Glücksgefühle sorgen. Anders ausgedrückt: Das Chili-High ist der Morphinrausch des kleinen Mannes.

Wenn wir Gin trinken, dann also vor allem der Nase nach. Denn keine andere Spirituose ist dem Riechorgan so innig verbunden wie der Gin. „Gin ist Parfüm", erklärt die Hamburger Parfümeurin Kim Weisswange, und sie muss es ja wissen. In aufwendig hergestellten Gins verstecken sich nicht selten 50 Botanicals (pflanzliche Zutaten), deren Aromen nach möglichst sensiblen Destillationsprozessen das Endprodukt formen. Und Gott allein weiß, was diese Aromen beim Trinken mit uns anzufangen vermögen. Welche geheimen Kräfte entfesseln – unter dem Licht der Geruchs-Chemie betrachtet – Wacholder, Koriander, Kumin, Limette, Orangenblüte, Angelikawurzel, Zimt, Vanille oder die Bulgarische Rose? Wirken sie sedierend? Aufhellend? Anstachelnd? Gar anmachend?

Der schlichte „Rausch" bekommt eine völlig neue Dimension. Gin ist das eine geistige Getränk, das, wenn gut gemacht, den Trinker freudig an der Nase herumzuführen vermag. Wie die Figur des Puck in Shakespeares „Sommernachtstraum" mit verwirrenden Folgen und fröhlichen Verwicklungen. Jeder Schluck kann ein Wagnis sein. Oder eine Chance.

Der Autor

Andreas Beerlage, Jahrgang 1965, arbeitet als freier Autor in Hamburg. Nasen haben ihn schon immer fasziniert, vor allem rein äußerlich. Seine eigene steckt er gern in schottischen Whisky, je rauchiger desto besser. Den tieferen Gin des Lebens sucht er hingegen noch. Aber er hat Witterung aufgenommen.

GINSELF

Fruchtig

Wie war das? Den größten Teil des Geschmacks macht der Geruch aus? Dann schmeckt dieser Gin aus einer kleinen Destille bei Valencia nach Sommer. Er duftet herrlich nach Mandarine und Orange. Perfekt für die Gartenparty im Juli oder gegen den Winterblues im Januar.

JUNÍPERO

Geradlinig

Wacholder steckt in jedem Gin, aber in wenigen ist er so dominant wie in diesem aus San Francisco. Der *Junípero* enthält zwar noch zwölf Botanicals mehr, doch keines steigt so sehr in die Nase und dominiert den Gaumen wie der Namensgeber der von Hand gefertigten Spirituose.

ISH

Klassisch

Auch das Auge soll ja mitschmecken. Lassen Sie sich also nicht verwirren: Die knallrote Flasche lenkt leicht davon ab, dass sie einen sehr klassischen Gin (aus Spanien) beherbergt: pfeffrig, zitronig, blumig, mit deutlicher Wacholdernote und ein paar Pinientönen.

GERANIUM

Blumig

Der Duft von Storchschnabelblättern erinnerte den Dänen Henrik Hammer an das Aroma von Gin and Tonic. Also nutzte er die Blätter für seinen eigenen Gin. Für den lateinischen Namen des Storchschnabels – *Geranium* – fand er auch Verwendung: auf dem Etikett.

WACHOLDER AUS WELTRANDLAGE

Achtung! Dies ist eine seltsame Geschichte. Sie spielt am Ende der Welt, dreht sich um Gin, die Ernte von Wacholder, den Anbau von Weizen und eine Insel.

Hier ist es: das Ende der Welt. „Ja", werden Sie jetzt sagen, „dass ein Ort am Ende der Welt liegt, ist ja schnell dahingesagt." Nein, nein, in diesem Fall sprechen jetzt schon zwei handfeste Indizien dafür: Der Ort liegt hinter Death's Door, und das Handy meldet pausenlos „No service!".

Willkommen auf Washington Island, Teil des US-Bundesstaats Wisconsin[1], Insel im Lake Michigan mit unverbaubarer Weltrandlage. Aber bitte stellen Sie sich das Ende nicht düster vor! Im Gegenteil: Die Sonne strahlt an diesem Tag im September. Der blaue Himmel ist mit drei winzigen Schleierwolken betupft. Es riecht nach Wiese und frischem Harz, Zikaden zirpen zwischen Wacholderbüschen.

LUISA[2]: *Oh Mann, ich hätte nie gedacht, dass es so anstrengend ist, Wacholderbeeren zu pflücken.*

SHAWN[3]: *Gott, ja, ich bin so froh, dass ich heute nicht so einen Kater wie gestern habe, das wäre ja nicht auszuhalten.*

Shawn bückt sich vor einem hüfthohen, drei Meter breiten Strauch.

SHAWN: *Hey, Luisa! Ich habe meine erste Beere gepflückt. Yay!*

Wie eine Kugel in einem Roulettekessel rollt die Beere in Shawns kleinem orangefarbenen Eimer umher. Auf dem Eimer prangt ein Logo: *Death's Door Juniper Harvest*.

Die Destille *Death's Door Spirits* aus Wisconsins Hauptstadt Madison hat zum sechsten Mal zur Wacholder-

[1] Spitzname „Molkereiland" – der Haupterwerbszweig in Wisconsin ist die Landwirtschaft.

[2] Spirituosen-Distributeurin aus London, geboren in Venezuela, Teilnehmerin des Wacholderernte-Festivals.

[3] Spirituosen-Distributeur aus Calgary, Kanada, Teilnehmer des Wacholderernte-Festivals.

ernte eingeladen. Alle Jahre wieder im September suchen Freunde, Kunden und Mitarbeiter der Firma die Sträucher der Insel nach Beeren ab. Als Belohnung für fünf Stunden sammeln gibt es 19 Stunden Spaß obendrauf: mit Schnitzeljagd, Pig Roast, Sonnenuntergang gucken, Party – und viel Gin.

BRIAN ELLISON[4]: *Wir veranstalten das Festival nicht nur, um eine gute Zeit zu haben, sondern, um unseren Leuten zu zeigen, woher die Zutaten für unseren Gin stammen. Alle Zutaten kommen aus Wisconsin. Aber die, die von Washington Island stammen, sind etwas Besonderes. Eigentlich gibt es uns ja nur wegen dieser Insel.*

[4] **Gründer und CEO von *Death's Door Spirits*, US-Amerikaner, wohnt mit seiner Familie in Madison, Wisconsin.**

Washington Island hat so viele Einwohner wie ein kleines Dorf (rund 700) und ist so groß wie die Stadt Landshut (66 Quadratkilometer). Zusammen macht das viel Platz für jeden Bewohner, für Tourismus, Wälder, Wiesen und Felder. Das Festland ist nur über eine Fähre zu erreichen, die im Stundentakt fährt, oder mit dem Kleinflugzeug. Die Insel hat eine Highschool, günstige Immobilien, drei Kirchen, ein Baseballstadion, eine Tankstelle und ihre ganz eigenen Gesetze. § 1: Jeder kennt jeden. § 2: Niemand schließt die Haustür ab. § 3: Alles, was wir brauchen, bekommen wir vom Festland. Ja, wäre Washington Island eine Nation, hätte sie eine katastrophale Außenhandelsbilanz. Die meisten Einwohner leben vom Tourismus. Industrie gibt es hier nicht, nur jede Menge Natur und – seit einigen Jahren wieder – ein bisschen Landwirtschaft.

RON DOETCH[5]: *Die Landwirtschaft hier hat Potenzial, aber die Farmer müssen sehr erfinderisch sein. Wacholder im großen Stil zu ernten, wäre zum Beispiel eine Idee, die Wirtschaft hier profitabler zu machen. Ein Viertel der Inselfläche ist mit Wacholdersträuchern bedeckt.*

Ron Doetch beobachtet die Ernteversuche von Shawn und Luisa.

SHAWN: *Au! Die Nadeln piksen sogar durch die Handschuhe!*

LUISA: *Ja, total! Ich hab auch erst zehn Beeren oder so.*

MEGAN[6]: *Ihr müsst das so machen: Sucht euch einen Zweig mit blauen Beeren und zieht mit der geschlossenen Hand über den ganzen Zweig, dann landen nur die blauen im Eimer.*

[5] **Freier landwirtschaftlicher Berater, arbeitet für *Death's Door Spirits* mit den Farmern auf der Insel zusammen, lebt in Illinois.**

[6] **Vertriebsmitarbeiterin von *Death's Door Spirits*, lebt in Chicago, erfahrene Teilnehmerin des Wacholderernte-Festivals.**

Megans Eimer ist fast voll. Shawn und Luisa packen sich einen Zweig, doch an ihren Sträuchern hängen fast nur grüne Beeren.

Grün und blau am Ende der Welt – ja, *Juniperus*, zu Deutsch Wacholder, ist eine erstaunliche Pflanze. Doch zunächst müssen wir eine Verwechslung aufklären: Das Zypressengewächs trägt gar keine Beeren, sondern Zapfen. Sie werden 0,3 bis zwei Zentimeter groß und sind kugelförmig[7]. Ihr Reifeprozess dauert zwei Jahre: Die blauen Beeren sind bereit zur Ernte und lassen sich ganz leicht vom Ast streifen, die grünen bleiben noch ein Jahr sitzen. Weltweit gibt es 50 bis 70 verschiedene Wacholderarten. Und – wir haben es schon angedeutet – Wacholder wächst zumindest auf der Nordhalbkugel nahezu überall. In den Bergen wurzelt er häufig noch an der Baumgrenze, aber er fühlt sich auch in der subarktischen Tundra und in Halbwüsten wohl. Er passt sich gern an und braucht auch nicht viel Wasser. Als besonders unkompliziert gilt die Art *Juniperus communis*, der Gemeine Wacholder, der unter anderem hier auf Washington Island wächst.

Plock! Plock! Plock!

LUISA: *Wow, so geht es ja viel besser.*

Ron Doetch ist in seinen weißen Pick-up gestiegen und fährt über die Insel. Auf Washington Island gibt es 35 Farmen, die von nur fünf Landwirten bewirtschaftet werden. Vor einem Jahrhundert war das noch anders: Die Inselbewohner verkauften Stein und Holz und angelten riesige Mengen Fisch aus dem Lake Michigan. Sie stellten Ahornsirup her, ernteten Kirschen, Äpfel und Kartoffeln – jede Menge Kartoffeln. 80 000 Badewannen hätten sie damals mit der Ernte eines Jahres füllen können. Doch in den frühen 1970er-Jahren wollte niemand mehr die Kartoffeln kaufen. Die Landwirtschaft lief auf Grund wie die Schiffe in der Seepassage Death's Door[8] vor der Insel.

Ron Doetch hält vor einem Hotel. Zweistöckig, Holzfassade, weiß gestrichen, davor eine große Terrasse, dahinter Nadelbäume, mit Blick auf den See.

RON DOETCH: *Das ist das Washington Hotel. Es gehört Brian Vandewalle. Er hatte 2005 die Idee, die Landwirtschaft auf der Insel wiederzubeleben, und wusste, wenn das klappen sollte, müssten die Bauern ihre Ernte auch verkaufen können. Also entschied er, im Hotel frisches Brot backen zu lassen.*

BRIAN ELLISON: *Ich habe Brian Vandewalle damals als Berater unterstützt. Uns war schnell klar, dass der Plan noch einen Haken hatte: Wir hatten zu viel Weizen. So viel Brot konnten wir gar nicht backen. Also haben wir uns zusammengesetzt, und ich habe vorgeschlagen: „Lass uns Bier und Wodka daraus machen!" Dann habe ich einen Sack Weizen genommen und bin zur Brauerei Capital Brewery gefahren. Die waren sofort begeistert, und ihr Bier*[9] *wurde ein Verkaufserfolg. Und ich habe kurz darauf Death's Door Spirits gegründet.*

[7] Weshalb sie im Volksmund Beeren heißen, und, um nicht weiter zu verwirren, bleiben auch wir beim Namen des Volkes.

[8] Auch Porte des Morts oder Door of Death genannt, liegt zwischen der Halbinsel Door County und Washington Island. Die Passage ist für Schiffe relativ eng, das Wasser ist flach, und die Winde auf den Großen Seen sind unberechenbar. Deshalb macht die Straße ihrem Namen alle Ehre: Auf dem Grund liegen zahllose Schiffswracks.

[9] Capital Brewery brachte die Sorte *Island Wheat* noch 2005 auf den Markt.

Heute kauft Brian Ellison jedes Jahr auf Washington Island den Ertrag von rund 100 Hektar Weizen ein, um daraus Alkohol zu brennen. Aber er kauft den Weizen nicht nur. Zusammen mit Ron Doetch und den Farmern Tom und Ken Koyen organisiert er auch die Produktion des Weizens. So kann er als Käufer mitentscheiden über den Entstehungsprozess und letztlich auch über die Qualität.

RON DOETCH: *Im Moment ist das noch sehr wichtig. Auf der Insel fehlt noch eine Menge landwirtschaftliches Wissen. Und ich meine damit das Wissen, das von Generation zu Generation weitergegeben wird! Nicht das Wissen, das in Büchern steht.*

Doetch steht jetzt vor einem Feld, das aussieht wie eine Wiese, auf der ein wenig wildes Getreide aufgeschlagen ist. Neben ihm an einem Baum lehnt ein Mann mit Cowboyhut.

KEN KOYEN[10]: *Ich baue zusammen mit meinem Bruder Tom den Weizen für Death's Door an. Wir wissen, dass wir noch viel experimentieren müssen. Dieses Feld ist das beste Beispiel: Wir hatten in diesem Jahr einen Ausfall von 50 Prozent beim Winterweizen, das ist zu viel. Aber wichtig ist, dass unsere Landwirtschaft überhaupt wieder in Schwung kommt. Für uns ist es großartig, was* Death's Door Spirits *hier macht.*

[10] **Pub-Besitzer, Landwirt und letzter Fischer der Insel, wohnt an der Main Road hinter seinem Pub mit Blick auf die Farm seiner Familie.**

Als Brian Ellison sich 2005 entschied, eine Destille zu gründen, gab es in Wisconsin kaum Erfolgsbeispiele dafür. Und schon gar nicht für Destillen, die nur nachhaltig erzeugte, lokale Zutaten verwenden wollten. Egal. Ellison belegte einige Kurse an der Universität von Michigan und legte los. Heute produziert *Death's Door Spirits* Gin, Wodka sowie weißen Whisky. Der Liebling der Kunden: der Gin.

JOHN D. JEFFEREY[11]: *Unser Gin besteht aus nur drei Zutaten. Zuerst schmeckt man die Wacholderbeeren, dann schießen die scharfen Zitronennoten der Koriandersamen hervor, und zum Schluss kommt der Fenchel – weich und kühl. Die alkoholische Grundlage ist unser Wodka, den wir zweifach destillieren und aus 60 Prozent Washington Island-Weizen und 40 Prozent gemälzter Gerste herstellen.*

[11] **Chef-Brennmeister von *Death's Door Spirits*, US-Amerikaner, liebt das Labor der Destille, wohnt in Madison, Wisconsin.**

John D. Jeffery wartet am Rand des Wacholderfelds, Ron Doetch ist auch zurück. Luisa und Shawn hocken und sitzen immer noch zwischen den Sträuchern.

KARINA[12]: *Passt bloß auf, wo ihr hinfasst!*

Sie zeigt auf ihrem iPhone das Foto einer Schlange.

LUISA: *Oh nein, wo war das?*

KARINA: *Da drüben, direkt unter einem Wacholderbusch.*

SHAWN: *Lass mich das Foto auch noch mal sehen. Das war bestimmt die Gemeine Wacholder-Schlange – ja, eindeutig!*

[12] **Barkeeperin aus London, geboren in Brasilien, Teilnehmerin des Wacholderernte-Festivals.**

Die drei lachen. Die Eimer sind voll. Jeffery, Doetch und Ellison nehmen sie entgegen und schütten die Beeren in ein Fass.

BRIAN ELLISON: *Wir haben heute 30 Pfund gesammelt. Das reicht aber nur für einen kleinen Teil unserer Gin-Produktion.*

RON DOETCH: *Ja, den größten Teil des Wacholders ernten wir natürlich nicht heute. Wir haben auf der Insel zehn freie Mitarbeiter, die jedes Jahr für uns die Beeren pflücken.*

JOHN D. JEFFERY: *Das reicht aber immer noch nicht für die Produktion. Den Großteil des Wacholders bekommen wir aus Süd- oder Südosteuropa. Da gibt es nicht nur mehr davon, der Wacholder ist außerdem aromatischer.*

Das sehen übrigens die meisten Destillen so. Weltweit ordern Brennmeister ihren Wacholder am liebsten in Italien, Kroatien und Mazedonien. Dort scheint die Sonne länger (als zum Beispiel auf Washington Island), das mag der Wacholder.

JOHN D. JEFFERY: *Trotzdem, sobald wir den Wacholder aus Europa komplett durch Wacholder von Washington Island ersetzen können, machen wir das. Im Moment geht es noch nicht.*

RON DOETCH: *Wir arbeiten aber daran. Noch ist die Ernte hier ein sehr arbeitsintensiver und damit teurer Prozess. Wir versuchen eine Technik zu entwickeln, die die Ernte rentabel machen kann – ohne dabei die Umwelt zu schädigen.*

So kurbeln ein paar Gin-Brenner am Ende der Welt die Wirtschaft an, weil sie ihren Gin nicht nur brennen, sondern auch die Zutaten dafür selbst produzieren wollen.

BRIAN ELLISON: *Eigentlich wollen wir wie alle einfach nur gute, hochwertige Produkte produzieren. Ich bin ein Unternehmer! Aber ich bin fest davon überzeugt, dass wir hier eine Menge erreichen können. Wir helfen, die Wirtschaft zu stärken, und schützen gleichzeitig die Natur. Ich bin einfach irrational leidenschaftlich, was diese Insel betrifft.*

Lieber Mr. Ellison, hätten wir Ihre Geschichte jetzt nicht schon auf fünf Seiten gelesen, würden wir sagen: Das ist verrückt!

BRIAN ELLISON: *Ja, das ist es wohl. Und es wird wohl niemand sonst jemals so verrückt sein, das, was wir hier tun, nachzumachen.*

In diesem Jahr sowieso nicht mehr, die Ernte ist beendet. Mit zerstochenen Händen und ohne Schlangenbiss fahren Luisa, Shawn, Megan und Karina zum Pig Roast in Ken Koyens Pub an der Main Road. Neben den Wacholdersträuchern fällt die Sonne hinter den Horizont. Was für ein schönes Ende.

DEATH'S DOOR

Pur

Wacholder pflücken auf Washington Island, Koriander und Fenchel in Wisconsin ernten – und schon haben die Jungs aus Madison alles zusammen. Dass sie dann auch noch aus diesen drei Zutaten einen hochwertigen, klassischen Gin brennen (und nebenbei die Landwirtschaft auf einer Insel ankurbeln), verdient die Weniger-ist-immer-mehr-Medaille. Trinken!

Corpse Reviver

von Stephen Cole, *The Violet Hour*, Chicago, für Death's Door Spirits

2 cl *Death's Door* Gin
2 cl Lillet Blonde
2 cl Cointreau
2 cl frischer Limettensaft
Absinth

Bis auf den Absinth alle Zutaten in einen mit Eis gefüllten Shaker geben. Shaken und in ein Cocktailglas abseihen, das zuvor mit dem Absinth ausgespült wurde. Mit einem Limettentwist garnieren.

WAS DARF'S SEIN?

Wie man Gin macht? Ganz einfach, man nehme Wodka und lege Samen, Beeren, Früchte, Kräuter und Wurzeln darin ein. Doch welche Botanicals müssen und welche können rein? Eine schnelle Warenkunde.

BOTANICAL AND HOPPY GIN
Hopfig: Wacholder, Koriander und Angelikawurzel kann ja jeder. Dieser Gin trumpft, wie der Name sagt, mit Hopfen auf.

GEHÖREN IN (FAST) JEDEN GIN

WACHOLDERBEEREN riechen nach Nadelbäumen und sind die Seele des Gins. Sie schmecken süßlich-würzig, harzig-bitter und vor allem: stark. Ihr Aroma kann schnell andere überlagern. Also Achtung, auch weil sie überdosiert die Nieren schädigen können.

KORIANDER nutzen wir kleingeschnibbelt als Zutat beim Kochen, den Gin jedoch aromatisieren die Samen. Hat Zitrusnoten, ist würzig, frisch und ein bisschen pfeffrig.

ANGELIKA wird auch Engelwurz genannt und macht den Dry Gin trocken. Die zerschnitzelte Wurzel schmeckt holzig und erdig, aber auch nussig und ein bisschen süßlich.

IN VIELEN GINS ZU FINDEN

INGWER erfrischt, ist seifig-scharf und schmeckt leicht nach Zitrone – egal ob auf der Sushi-Platte, als Tee oder im Gin.

KARDAMOM ist das drittteuerste Gewürz der Welt und bietet einiges fürs Geld: Es ist warm und würzig, aromatisch und zitronig. Obendrein erinnert es ein bisschen an den Geschmack von Eukalyptus. Gin-Brenner nutzen die zerstoßenen Samen.

LAKRITZ wird auch Süßholz genannt, das verrät schon den Geschmack. Lakritz gibt dem Gin Balance und betont seine Frische.

MANDELN können sowohl bitter als auch süß schmecken. In den Gin kommen nur die bitteren, die verleihen ihm eine Marzipan-Note: nussig, seifig, würzig und wenigstens ein bisschen süß.

MUSKATNUSS ist beliebt in Küche und Destillen. Der Geschmack: warm, aromatisch, süß-scharf, herb-würzig.

VEILCHENWURZ hat viele Namen, zum Beispiel Schwertlilie oder Iris. In den Gin kommt die getrocknete Wurzel, die zuvor zu einem feinen Pulver gemahlen wurde. Schmeckt aromatisch und blumig, aber auch erdig und bitter. Veilchenwurz bindet den Geschmack anderer Botanicals.

ZIMT ist die getrocknete Rinde des echten Zimtbaums und schmeckt immer ein bisschen nach Weihnachten: warm, süß und hölzern.

CASSIAZIMT oder Gewürzrinde oder auch chinesischer Zimt: Sein Aroma ist dem des Zimts ähnlich, aber bitterer und vor allem scharf und stechend – fast schon medizinisch.

ZITRUSFRÜCHTE gibt es viele, und die meisten sind als Botanical beliebt. Von Zitrone, Orange, Limette und Grapefruit verwendet der Destillateur die Schale, sie macht den Gin frisch, sauer und ein bisschen scharf. Die Bergamotte hingegen verleiht dem Branntwein ein parfümartiges Aroma.

G'VINE FLORAISON
Französisch: Auf Traubenbasis destilliert, ist dieser Gin ganz und gar untypisch, aber auf jeden Fall ein Erlebnis.

AB UND AN DABEI

WEINTRAUBEN verarbeiten nicht nur Winzer. Eine Destille in Frankreich nutzt sie als Grundlage für einen Gin: den *G'Vine*.

PREISELBEEREN sind das wichtigste Botanical im deutschen Gin *Monkey 47*. Warum, wieso und weshalb? Mehr dazu auf Seite 128.

SAFRAN schmeckt bitter-herb-scharf, ist teuer und für seine Farbe bekannt: Indische Gerichte färbt er golden, den *Saffron Gin* aus Frankreich knallorange.

Die Botanicals auf dieser Seite sind nur eine kleine Auswahl, für Gin können durchaus mehr als 200 verschiedene verwendet werden.

KOCHEN IST LIEBE

In einem kleinen Restaurant im westfälischen Münster sind ein Koch und eine Getränkeköchin experimentierfreudige Gastgeber: Statt Wein reichen sie Cocktails zum Essen. Dass das eine echte Liebe ist, zeigen wir in drei Akten – und mit Rezepten.

Eine gute Liebesgeschichte dauert 90 Minuten, hat Höhen und Tiefen und – so viel Kitsch muss sein – ein Happy End. Zumindest im Kino. Diese Geschichte jedoch spielt zwischen Küche und Bar. Sie handelt vom Kochen und Mixen, von Nicklas und Marie, von Gin und gutem Essen. Drei unterschiedliche Paare, die in dieser Geschichte irgendwie eins sind. Ach ja, und ein kleiner Vogel, der Glück bringt, spielt auch noch mit. Aber der Reihe nach:

1. AKT: DAS KENNENLERNEN

Drei Jahre zuvor, irgendwo bei München, in einem Restaurant des Starkochs Stefan Marquard: Marie ist 24 Jahre alt, arbeitet hinter der Bar, Nicklas, 30 Jahre, in der Küche. Sie ist klein, lustig, immer gut gelaunt und spricht mit einer weich-zarten Stimme. Er ist zwei Köpfe größer, wirkt entspannt, trocken. Sie sind Kollegen, sie lernen sich kennen, reden über die Arbeit, über ihren Kindheitstraum, einmal ein eigenes Restaurant zu eröffnen. Schnell ist beiden klar: Da steckt mehr dahinter …

Also bitte setzen zum ersten Date. Das Gemüse wird roh mariniert, der Gin nur leicht verfeinert:

Vorspeise: Rosa Kalbstafelspitz mit süß-saurem Gemüse und einer Blaubeervinaigrette

FÜR DAS FLEISCH

- *600 g* Kalbstafelspitz (küchenfertig)
- Meersalz

FÜR DAS GEMÜSE

- *3* Wacholderbeeren
- *4* Pimentbeeren
- *100 g* Zucker
- *0,06 l* Weißweinessig
- *0,2 l* Gemüsebrühe
- *2* Lorbeerblätter
- grober schwarzer Pfeffer
- *1 EL* Senfsamen
- *2* Karotten
- *1* Gurke
- *1* Rote Bete
- *4* Radieschen (optional)
- *4 cl* *Feel!* Gin
- Weißweinessig, Salz, Zucker

FÜR DIE BLAUBEER-VINAIGRETTE

- *100 g* Blaubeeren
- *1 EL* Blaubeermark
- Gemüsebrühe
- *1 TL* mittelscharfer Senf
- *6 EL* Sonnenblumenöl

FÜRS AUGE

- *1* kleine Stange Meerrettich
- frische Kresse
- Rucola/Rucolablüten

UND SO GEHT'S

Den Kalbstafelspitz mit Meersalz einmassieren, circa 20 Minuten ziehen lassen. Trocken tupfen und in einer heißen Pfanne goldbraun braten. Bei 80 °C im Backofen circa 1½ Stunden bis zu einer Kerntemperatur von 59 °C garen. Danach die Hitze auf 60 °C drosseln und das Fleisch ½ Stunde ziehen lassen.

Für das Gemüse Wacholder und Piment in einer Pfanne anrösten. Währenddessen in einem Topf den Zucker karamellisieren, mit Weißweinessig ablöschen, auf ein Drittel reduzieren, Gemüsebrühe hinzugeben. Piment und Wacholder im Mörser andrücken und mit den anderen Gewürzen zum Sud geben. Auf die Hälfte einkochen. Gemüse putzen, schälen und entlang der Wuchsform in dünne Scheiben schneiden. Den Sud mit *Feel!* Gin, Essig, Salz und Zucker abschmecken und erkalten lassen. Danach das geschnittene Gemüse mit dem Sud übergießen und für mindestens zwei Stunden ziehen lassen (Achtung: Rote Bete im gleichen Sud, jedoch separat marinieren.)

Für die Blaubeervinaigrette die Hälfte der Blaubeeren andrücken, mit 1 EL Blaubeermark und der Gemüsebrühe vermischen. Senf hinzugeben, mit dem Sonnenblumenöl verrühren. Mit Salz, Pfeffer, Zucker abschmecken. Den Tafelspitz in circa zwei Millimeter dünne Scheiben schneiden. Mit dem süß-sauren Gemüse und der Blaubeervinaigrette anrichten, mit Meerrettich, Kresse, Blaubeerhälften, Rucola und Blüten garnieren.

DER PASSENDE DRINK DAZU:

Feel! mit Blaubeereisstick

- *5 cl* *Feel!*
- *300 g* frische Blaubeeren (zur Not auch tiefgekühlte)
- Zucker
- *1* Zitrone
- Eisstiele

Blaubeeren mit ein wenig Zucker in einem Topf erwärmen, bis der Zucker schmilzt. Die Blaubeer-Zuckermasse durch ein Sieb drücken, mit abgeriebener Zitronenschale und Saft abschmecken. Die Masse in große Eiswürfelformen geben und mit Eisstielen einfrieren.
Die Blaubeereiswürfel am Stiel in eine gefrostete Champagnerschale geben und mit 5 cl *Feel!* Gin übergießen. Glasrand mit Zitronenzeste parfümieren und servieren.
Achtung: Eissticks am Vortag zubereiten.

2. AKT: DIE HERAUSFORDERUNG

Wenn mehr dahintersteckt, lernen sich Liebende schnell kennen. So wie Marie und Nicklas. Er kocht am liebsten nach Gefühl, sie nennt sich Getränkeköchin. „Mixen funktioniert eigentlich genauso wie kochen", sagt sie, und er erklärt, dass die immer gleichen Geschmacksrichtungen – süß, sauer, salzig, scharf, bitter, umami – zu einem neuen Geschmack kombiniert würden. Vom Koch genauso wie vom Barkeeper. „Wichtig ist, dass die Dinge so zusammenwirken, dass sie ein harmonisches Miteinander bilden", sagen beide und entschieden damals: Daraus könne man doch etwas machen.

Ihre Idee: Zu einem guten Essen trinkt man den passenden Wein. „Aber ein speziell für das Essen gemixter Cocktail kann doch viel besser passen", erklärt Marie. Mit Gin-basierten Getränken – Maries Lieblingsspirituose – gehe das besonders gut. „Jeder Gin ist so unterschiedlich komponiert, dass wir zu nahezu jedem Gericht den passenden finden und damit einen Drink kreieren können."

Ja, das passt! Doch zwischen Minute 40 und 80 entwickeln sich in jeder Liebesgeschichte die Probleme. Konflikte nach Drehbuch. Für Marie und Nicklas waren es keine großen, nur die Frage: Was tun mit der gemeinsamen Idee?

„Wir haben entschieden, uns in Deutschland selbstständig zu machen", sagt sie. „Nur wo?", fragt er. Frankfurt, Berlin und München stehen auf der Liste. Und Münster, das ist zwar klein, aber Nicklas kennt es schon von einem früheren Job. Er hat Freunde hier, und beide wissen: In Münster könnte ihr Konzept funktionieren. In den großen Städten gehen neue Restaurants in der Masse unter, egal, wie gut die Geschichte ist.

Also eröffnen sie im Sommer 2012 in Münster ihr eigenes Restaurant. Der Name: *Rotkehlchen*, das Konzept: Wohnraum mit Küche und Bar. Und mit Gerichten wie diesem:

Im Rotkehlchen

Marie und Nicklas Rausch haben die Rezepte auf den Seiten 33, 35 und 36 kreiert. Die beiden sind seit 2012 die Gastgeber im Rotkehlchen in Münster. Ihr Konzept: Gastlichkeit mit gutem Essen aus regionalen Produkten und mit Cocktailbegleitung. Das begeistert Menschen von 18 bis 85. „Zu uns kommen Leute, die einfach Bock haben zu genießen", sagt Nicklas Rausch und erzählt von der Seniorinnen-Truppe, die vor kurzem ihre Rollatoren vor der Tür parkte und ein Sechs-Gänge-Menü bestellte – samt Cocktails versteht sich. 30 Plätze, nur mit Reservierung (Infos: S. 143)

FÜR DAS FLEISCH

800 g Rehrücken
200 ml *Prof. Cornelius Ampleforth's Cask-Aged* Gin
100 g Buchenholz-Chips
Butter, Rosmarin, Salz, Pfeffer

FÜR DIE PASTINAKENCREME

800 g Pastinake
150 g Butter
Salz, Pfeffer, Zucker, Zitronenschale

FÜR DIE SOSSE

50 g Zucker
100 ml dunkler Balsamico
400 ml Rotwein
200 ml Portwein
500 ml Wildfond
50 ml Holunderbeerensaft
8 Wacholderbeeren
½ TL Koriandersamen
1 TL Fenchelsamen
8 Pimentkörner
2 Lorbeerblätter
1 Zweig Rosmarin
1 Zweig Thymian

FÜR DEN ROSENKOHLSALAT

600 g ungeputzter Rosenkohl
Salz, Zucker
2 Schalotten
Butter
Muskat

SO WIRD'S GEKOCHT

Für das Fleisch Gin und Holzchips in ein Gefäß geben und über Nacht einweichen lassen. Den Rehrücken in vier gleich große Stücke schneiden. Das Reh für zwei bis drei Stunden in die Gin-Holzchips-Marinade einlegen.

Das Fleisch aus der Marinade nehmen, trockentupfen und kurz braun anbraten. Danach bei 90 °C im Ofen garen. Gardauer: Das kommt auf die Größe der Stücke an, bei 100 Gramm je Stück beträgt die Gardauer 20 Minuten, bei 200 Gramm 40 Minuten. Danach das Fleisch nochmals in die Pfanne mit Butter und Rosmarin geben, um es kurz zu aromatisieren. Mit Salz und Pfeffer würzen.

Für die Pastinakencreme Pastinaken schälen, mit Salz und Zucker würzen, 30 Minuten ziehen lassen. Danach im Kochtopf mit wenig Wasser weich garen, mit der Butter pürieren, bis eine Creme entsteht. Mit Salz, Zucker, Pfeffer und Zitronenschale abschmecken.

Für die Soße, während die Pastinaken kochen, in einem Topf den Zucker karamellisieren, mit Balsamico ablöschen und komplett reduzieren. Danach den gleichen Vorgang mit dem Rot- und Portwein wiederholen. Mit Wildfond und Holundersaft aufgießen. Wacholder, Koriander, Fenchel und Piment in einer Pfanne erhitzen, bis sie anfangen zu glänzen, danach in einem Mörser zusammen mit dem Lorbeer zermahlen und zum Fond geben. Bis zum gewünschten Geschmack einkochen lassen. Je 1 Zweig Rosmarin und Thymian für vier Minuten mitziehen lassen, danach alles passieren.

Den Rosenkohl waschen, putzen und in dünne Scheiben schneiden. Wieder salzen und zuckern. Danach in einer Pfanne mit Schalottenwürfeln und Butter bissfest braten.

DAS SOLLTEN SIE DAZU TRINKEN

Black Nut Sour

5 cl *Prof. Cornelius Ampleforth's Cask-Aged* Gin
3 cl frischer Zitronensaft
1 schwarze Walnuss
3 cl Lantenhammer Walnusslikör
0,5 cl Eiweiß

Eine schwarze Walnuss im Gin stößeln. Einen Shaker mit Eis füllen und die Zutaten dazugeben. Hart shaken und doppelt in vorgekühltem Tumbler auf Eis abseihen. Mit einer hauchdünnen schwarzen Walnussscheibe und abgeriebener Zitronenschale servieren.

3. AKT: DAS OFFENE ENDE UND DAS GLÜCK

Nein, es ist nicht das Happy End selbst, das uns glücklich macht. Nicht das Da-haben-sich-zwei-Gefunden, sondern das Was-jetzt-noch-alles-möglich-Ist. Open End wäre wohl der bessere Titel. Für Nicklas und Marie ist das hier ihr Open End: Es läuft bestens im *Rotkehlchen*, die 30 Plätze sind Monate im Voraus ausgebucht.

Also fliegt zum offenen Schluss noch ein kleiner Vogel durchs Bild. Das Rotkehlchen, der Lieblingsvogel von Maries Oma. „Und der Glücksbringer unserer Familie", erzählt sie. „Und er war der erste Vogel, der bei uns in Münster auf dem Balkon saß."

Nachspeise: Quitten-Ferdinand-Eis mit Schokokuchen und Boskopsalat

FÜR DAS EIS
250 ml Milch
250 ml Sahne
7 Eigelb
100 g Zucker
200 g Quittenmark
100 ml *Ferdinand's* Gin

FÜR DEN SCHOKOKUCHEN
250 g Schokolade
250 g Butter
250 g Zucker
5 Eier
2 EL Mehl
evtl. Kardamom

FÜR DEN APFELSALAT
2 Boskop-Äpfel
50 ml Zitronensaft
50 g Zucker
½ Vanilleschote
100 ml naturtrüber Apfelsaft

Für das Eis Sahne und Milch aufkochen. Eigelb, Quittenmark, *Ferdinand's* Gin und Zucker in einer Schüssel verrühren. Danach langsam mit der aufgekochten Milch verrühren und über einem Wasserbad langsam eindicken lassen. 24 Stunden durchkühlen lassen und in die Eismaschine geben.

Für den Schokokuchen Butter und Schokolade miteinander in einem Topf verschmelzen lassen. In einer Küchenmaschine Eier und Zucker zusammen steifschlagen (nach Bedarf mit Kardamom würzen). Die flüssige Schokoladen-Butter-Mischung langsam unter die steifgeschlagenen Eier geben. Langsam das Mehl unterheben. In einer Backform (24 Zentimeter Durchmesser, mit Backpapier ausgelegt) bei 150 °C für circa 40 Minuten backen. Danach mindestens vier Stunden kaltstellen.

Für den Apfelsalat die Äpfel schälen und in kleine Würfel schneiden. Die restlichen Zutaten in einem Topf aufkochen lassen. Apfelwürfel hinzugeben, von der Herdplatte nehmen und circa zehn Minuten ziehen lassen. Die Würfel absieben und kalt stellen.

DAZU TRINKEN SIE AM BESTEN
Ferdinand's Gin pur auf Eis

ODER DAS HIER:

THE OUTLAWED
4 cl *Ferdinand's* Gin
2 cl Zuckersirup
3 cl Zitronensaft
8 (in Läuterzucker eingelegte) Vogelbeeren
Lavendel (frisch, optional getrocknet)

Alle Zutaten in einen Shaker auf Eis geben und hart shaken. Doppelt in einen gefrosteten Kelch auf Eis abseihen und mit Vogelbeeren und Lavendel garnieren. CHEERS!

Alle Zutaten für vier Personen.

FEEL!

Gefühlsecht

Verwechslungsgefahr besteht durchaus. Rein äußerlich erinnert der *Feel!* nämlich sehr an das Design moderner Wasserflaschen. Lassen Sie sich nicht irritieren: In der Flasche steckt ein Gin, der überhaupt nicht klassisch-herb ist, sondern mild, frisch und fruchtig. Gebrannt wird er mit 17 Botanicals (darunter auch Blaubeeren) in München.

AMPLEFORTH'S CASK-AGED GIN

Rauchig

Whisky-Trinker und Zigarren-Liebhaber aufgepasst: Dieser Gin könnte Sie überzeugen! Der Brand aus der Professor-Cornelius-Ampleforth-Reihe reift drei bis sechs Monate in einem 50-Liter-Holzfass. Das macht ihn so schön rauchig-holzig.

FERDINAND'S

Weinselig

Ein Rätsel gefällig? Die Flasche ist mit einem Korken verschlossen, der Inhalt schmeckt nach Trauben, doch ein Wein ist es nicht. Richtig, es ist der *Ferdinand's* Gin von der Saar. Er wird aus rund 30 Kräutern, Gewürzen und Früchten gebrannt und dann mit Riesling versetzt. Klingt ungewöhnlich, ist ungewöhnlich und schmeckt großartig.

EIN SCHLUCK ECHTES GLÜCK

VON LENZ KOPPELSTÄTTER

Seinen Sundowner-des-Sommers-vielleicht-sogar-des-Lebens-Moment erlebte der Journalist Lenz Koppelstätter an einem Strand in Neuseeland. Und nun wundert er sich, warum wir alle diese Momente lieben.

Die schmale Straße führt durch den Dschungel hinunter zum Wasser. Äste klatschen gegen die Frontscheibe des verbeulten Mietwagens. Noch drei Serpentinen, schon ist die Bucht zu sehen, schwarzer Strand, eingerahmt von Felsen aus Vulkangestein: Piha-Beach, eine knappe Fahrstunde von Auckland entfernt. Es ist schon später Nachmittag, auf dem Parkplatz stehen die Touristenbusse für die Rückfahrt bereit. Zwei Japaner fotografieren eine Möwe. Klick-Klick.

Wir setzen uns zwischen die Dünen. Der Strand ist jetzt fast menschenleer, nur ein Dutzend Surfer reitet auf den Wellen. Ich sage erst mal nichts, sie sagt auch nichts, wir schauen raus aufs Meer. Im Mietwagen liegt noch eine halbvolle Flasche Gin. Schmeckt sicher grauenvoll, lauwarmes Zeug. Wir holen die Flasche trotzdem, wir wollen jetzt hier einfach sitzenbleiben, den Sonnenuntergang genießen. Dies soll der Sonnenuntergangsmoment unseres Sommers sein. Vielleicht der Sonnenuntergang unseres Lebens. Jeder Mensch braucht so einen Sonnenuntergangsmoment. Vielleicht sind wir nur deshalb nach Neuseeland gekommen. Vielleicht haben wir uns nur deshalb kennengelernt auf der Party letzte Nacht.

Es ist nun kurz nach sieben, die Sonne sinkt ins Tasmanische Meer, ihre Konturen werden klarer. Grell wie eine Glühbirne leuchtete sie eben noch, nun rutscht der orangefarbene Ball am Horizont immer tiefer in den Ozean. Die Abenddämmerung färbt sich gelb, dann lila, dann grün. Hinter den Dünen wartet der weiße Mond am Himmel. Deutlich sind die dunklen Meere auf seiner Oberfläche zu erkennen.

Kitschiger geht's kaum.

Aber genauso wollen wir es jetzt. Wir beobachten ein Farbenensemble, das wir uns nie als Bild in unsere puristischen Wohnzimmer hängen würden. Nie, nie, nie! Trotzdem starren wir nun auf dieses Bild, und das, was in uns kribbelt, ist ein bisschen das Verliebtsein, ein bisschen der Magen, der rebelliert gegen die zu vielen Gin and Tonic von gestern Abend, es ist aber vor allem eines: das Glücksgefühl beim Anblick des Naturschauspiels.

Postkarten zeigen Sonnenuntergänge, Poster aus Mädchenzeitschriften zeigen Sonnenuntergänge, über acht Millionen Google-Treffer erscheinen beim Stichwort „Sonnenuntergang". Ein Blick in die Google-Bildersuche: Sonnenuntergänge mit Palmen. Mit Pferden, die an Stränden entlanglaufen. Mit Holzsteg am See. Mit Nebel. Mit Yachten. Mit Alpenpanorama. Mit Gipfelkreuzen. Mit Schneelandschaften. Mit Wolkenkratzer-Skylines. Mit Laternen. Mit Brücken. Mit Schattenrissen von Zugvögeln. Mit Schattenrissen von Menschen, die in die Luft springen.

Warum soll das romantisch sein? Warum soll uns das glücklich machen?

Einst war der Sonnenuntergang schlicht ein Zeichen dafür, dass der Arbeitstag zu Ende ist. Sonst nichts. Erst gegen Ende des 18. Jahrhunderts ist er zu sehr viel mehr erkoren worden: Auf den Ölgemälden der Romantiker rückt der rote Ball in den Mittelpunkt, drängt seine ehrfürchtig staunend abgebildeten Betrachter an den Bildrand. Der romantische Sonnenuntergang: Versprechen und Sehnsucht in einem, Schein und Illusion im doppelten Sinne des

Wortes. Denn sie geht ja überhaupt nicht unter, die Sonne: Der Flecken Erde, auf dem wir uns befinden, dreht sich nur von ihr weg. Geschenkt. „Was die Öffentlichkeit will, ist die Vorstellung der Leidenschaft, nicht die Leidenschaft selbst", schreibt Roland Barthes in seinen „Mythen des Alltags".

Zu zweit am Strand von Piha. Kein Mythos. Nein, das hier ist das wahre Leben. Der Frittenbudenbesitzer hat sich unser erbarmt. Zwei Plastikbecher, zwei Zitronenscheiben. Eine Flasche *Lemon & Paeroa*, neuseeländischer Nationalsoftdrink. Wir genießen unseren selbst kreierten Sundowner, wir spüren das Salz des Meeres und den Gin auf unseren Lippen. Er ist lauwarm und doch der beste, den ich jemals getrunken habe. Mein Sundowner-des-Sommers-vielleicht-sogar-des-Lebens-Moment.

Kitsch. Mythos. Superlativ. Drunter geht's jetzt nicht.

Der Sonnenuntergang ist ein Symbol für den Tod. Schon bei den Ägyptern, aber auch bei vielen Naturvölkern. Als Odysseus den Todesgott Hades besucht, segelt er westwärts, der sterbenden Sonne hinterher. Das physikalische Phänomen? Längst entschlüsselt: Je weiter die Sonne zum Horizont sinkt, desto länger benötigen die Strahlen auf ihrem Weg durch die Atmosphäre. Die Lichtwellen stoßen mit Gasmolekülen zusammen, blaues und grünes Licht wird herausgefiltert, rotes Licht bleibt übrig. Und für ein paar Augenblicke nur ist hier an diesem Strand am Ende der Welt plötzlich alles eins: der Mythos und das Echte. Keine Postkarte, kein Poster aus einer Mädchenzeitschrift, kein Google-Bild. Echter Strand, keine Kulisse. Echtes Glück, keine Fotostory. Ein kurzer magischer Moment – und dann ist alles vorbei.

Die Sonne ist weg. Die Wellen rauschen im Dunkeln. Die Surfer paddeln durch die Brandung ans Ufer. Vor Sekunden glühte noch alles, nun ist es Nacht geworden. Ein Plastikbecher steckt im Sand, den anderen hat sich der Wind geschnappt. Wir frieren. Sie hat Schluckauf. „Krie ... hig ... ich immer von Gin", hickst sie. Die Show ist aus. Der Schein ist hinter dem Horizont versunken. Scheinbar zumindest.

Der Autor

Lenz Koppelstätter, 1982 in Südtirol geboren, reiste nach dem Besuch der Deutschen Journalistenschule ein halbes Jahr durch Neuseeland. Heute lebt er als freier Autor in Berlin. Weil es dort keinen Strand gibt, verbringt er die Zeit zwischen Sonnenuntergang und Sonnenaufgang gern in Bars mit unendlich langen Theken. Lieblingsdrink: Negroni.

GIN MARE

Meerchenhaft

Aus Neuseeland stammt er zugegebenermaßen nicht. Der *Gin Mare* ist durch und durch mediterran und hat die Aromen von griechischem Rosmarin, Thymian aus der Türkei, grünen Oliven aus Spanien und italienischem Basilikum gespeichert. Dass er auch noch an der spanischen Costa Dorada – der Goldenen Küste – destilliert wird, macht ihn einfach zum perfekten Begleiter zum Sonnenuntergang. Egal, ob in Neuseeland oder anderswo.

Negroni

3 cl Gin
3 cl Campari
3 cl Roter süßer Wermut

Alle Zutaten direkt in ein mit Eis gefülltes Old-Fashioned-Glas geben, vorsichtig rühren, mit einer halben Orangenscheibe garnieren.

DUSK

PIANO MAN

VON BILLY JOEL

It's nine o'clock on a saturday
The regular crowd shuffles in
There's an old man sitting next to me
Makin' love to his tonic and gin

He says, "Son, can you play me a memory
I'm not really sure how it goes
But it's sad and it's sweet and I knew it complete
When I wore a younger man's clothes."

La la la, di da da
La la, di da da da dum

REFRAIN
Sing us a song, you're the piano man
Sing us a song tonight
Well, we're all in the mood for a melody
And you've got us feelin' alright

Now John at the bar is a friend of mine
He gets me my drinks for free
And he's quick with a joke or to light up your smoke
But there's some place that he'd rather be
He says, "Bill, I believe this is killing me."
As the smile ran away from his face
"Well I'm sure that I could be a movie star
If I could get out of this place."

Oh, la la la, di da da
La la, di da da da dum

Now Paul is a real estate novelist
Who never had time for a wife
And he's talkin' with Davy, who's still in the Navy
And probably will be for life

PIANO MAN ist nicht nur das berühmteste Lied des Sängers Billy Joel, der Titel ist auch zu seinem Spitznamen geworden. Im Text verarbeitet er Erfahrungen aus seiner Zeit als Barpianist.

And the waitress is practicing politics
As the businessman slowly get stoned
Yes, they're sharing a drink they call loneliness
But it's better than drinkin' alone

REFRAIN
Sing us a song you're the piano man
Sing us a song tonight
Well we're all in the mood for a melody
And you got us feeling alright

It's a pretty good crowd for a saturday
And the manager gives me a smile
'cause he knows that it's me they've been comin' to see
To forget about life for a while
And the piano, it sounds like a carnival
And the microphone smells like a beer
And they sit at the bar and put bread in my jar
And say, "Man, what are you doin' here?"

Oh, la la la, di da da
La la, di da da da dum

REFRAIN
Sing us a song you're the piano man
Sing us a song tonight
Well we're all in the mood for a melody
And you got us feeling alright

EINE SONNENBRILLE FÜR MNEMOSYNE

VON CHRISTOPHER ECKER

Georg Fahlmann hat genug von Ehe, Studium und dem Job im Bestattungs- unternehmen seines Onkels. Viel lieber schreibt er an seinem historischen Kriminalroman. Doch auch das erweist sich schwieriger als angenommen, denn plötzlich verschwimmen die Grenzen zwischen Fiktion und Realität. Ist er selbst nur eine Romanfigur? Er weiß es (noch) nicht - und trinkt erst mal einen Gimlet.

Ein Auszug aus dem Roman *Fahlmann.*

Ich[1] sitze in *Harry's New York Bar*, 5 Rue Daunou, um einen folgenschweren Entschluss zu feiern. Vor mir auf dem Holztisch befinden sich – neben den üblichen Utensilien wie Block, Kugelschreiber, Zigaretten und Feuerzeug – ein buttergelber William-Grant's-Aschenbecher, ein weißweinfarbener Gimlet in einem beschlagenen, kurzbeinigen Glas und ein Schälchen gesalzener Erdnüsse. Kühler Wacholderatem strömt mir beim Schreiben dieser Zeilen aus der Nase. Es hat mich sehr überrascht, dass der Gimlet noch genauso schmeckt wie früher, aber wahrscheinlich lässt sich kein Geschmack mnemotechnisch so täuschend echt erzeugen wie der des wunderbaren Gimlets aus *Harry's New York Bar*, Nigeria[2], ein magischer Umstand, der den überteuerten Preis von 56 Francs mehr als nur rechtfertigt; außerdem wird bei jeder Bestellung das Schälchen Nüsse frisch gefüllt.

Derart ausgesöhnt mit meinem Erinnerungsvermögen bewege ich einen kleinen Schluck im Mund, bis der Gimlet sich erwärmt hat und sein volles Aroma preisgibt – stopp! Ich sitze nicht nur hier, um meinen Entschluss zu feiern, sondern um Sie, verehrter Doktor Birch[3], darüber zu unterrichten. Sie haben bestimmt schon gemerkt, dass es so nicht länger weitergehen kann. Ich ufere aus. Und das ist verhängnisvoll. Ich darf die Wochen vor der Abreise nicht ins Endlose dehnen. Ich muss die Augen schließen und einen Zahn zulegen. Zu lange habe ich mich davor gedrückt, die Idylle einstürzen zu lassen. Kurz und gut: Ich muss endlich damit aufhören, die Geschehnisse jenes Sommers[4] in wehmütigen Kreisen zu umflattern.

Damit der letzte Satz mundwarm werden und sein volles Aroma entfalten kann, hebe ich den Blick, bewundere die roten Ledersofas an den holzgetäfelten Wänden, entdecke eine Schwarz-Weiß-Fotografie der Skyline von Manhattan zwischen Collegewimpeln aus Utah, Missouri, Oklahoma und Vermont, sehe eine Büste der Freiheitsstatue hinter einem vergoldeten Baseballhelm sowie ein altes, schlaffes Paar Boxhandschuhe über dem Tresen. Das Publikum, das hier verkehrt, lässt sich in zwei Kategorien einteilen: in Stauner (hier trank Hemingway) und Schnösel (hier trinke ich). Ich mag auch die Kellner nicht, arrogante Kerle in weißen Kitteln und Schürzen; unter ersteren tragen sie weiße Hemden und schwarze Krawatten, unter letzteren kommen

[1] Bei dem „Ich" handelt es sich um den Romanhelden Georg Fahlmann, einen Schriftsteller im Pariser Exil.

[2] Fahlmann hat einen Stadtplan von Paris auf Folie kopiert und diese auf eine Weltkarte gelegt: So kann er in Paris bequem nach Afrika oder zum Nordpol reisen. Und natürlich nach Nigeria, um dort einen Gimlet zu trinken …

[3] Doktor Birch: gealterter Arzt. Er unterstützte Fahlmann bei den Recherchen für seinen Roman *Vom Herausgehen am Tage*. Finanziert den Parisaufenthalt. Adressat von Fahlmanns Berichten aus Paris.

[4] Fahlmann erzählt in den Berichten an Doktor Birch von den Monaten, in denen sein Leben zum Fiasko wurde: Er verlor seinen Job, seine Frau, seine Wohnung, seine Selbstachtung.

schwarze Hosenbeine mit scharfen Bügelfalten hervor. Alle Kellner kämmen sich übrigens die Haare mit Wasser zurück wie die glücklichen Söhne Hollywoods, die Veronica Lake oder Rita Hayworth auf den Mund küssen durften. Und dass man hier nicht auf diskrete Handzeichen reagiert, versteht sich von selbst. Wagt man es jedoch, weniger diskret zu winken oder gar zu rufen, verziehen die Gecken angewidert das Gesicht, ehe sie sich in herablassend zögerndem Schlendergang zum Tisch bequemen.

Draußen, vor der schwingenden Saloontür, erhellt die gelbe Leuchtreklame einer Biermarke aus der Heimat[5] den fahlen Abend; am Nachbartisch blättern schwedische Rucksacktouristen, zu denen man noch unfreundlicher ist als zu mir, in einem literarischen Reiseführer; ich stecke eine Zigarette an und studiere die Schilder an den Wänden. *ONLY 4,278 MILES TO WALL DRUG OF SOUTH DAKOTA, U.S.A. FROM HARRY'S.* Oder eine Spur gelassener: *entertainment in the «Downstairs room» every nite at the Ivories.* Auf dem Barspiegel sind zwei aufgemalte Käfer (Grillen? Fliegen?) in einem unverständlichen Cartoon erstarrt. Treffen sich zwei Käfer. Fragt der eine: «ARE YOU AN I.B.F.?» Antwortet der andere: «BUZZ-Z-Z Z-Z BUZZ-Z-Z.»[6] – Sehen Sie! Selbst jetzt versuche ich Zeit zu schinden, um Ihnen nicht sofort mitteilen zu müssen, welchen Entschluss ich gefasst habe. Schluss damit! Und ohne Umschweife: Von nun an werde ich alles dransetzen, mich unschärfer zu erinnern. Nie mehr soll der Scheinwerfer länger als unbedingt nötig eine Szene ausleuchten – und man sieht nur die Figuren im Vordergrund und nicht das offene Fenster hinter ihnen und den Tanz der Staubpartikel im Sonnenlicht. Ich muss Mnemosyne eine Sonnenbrille aufsetzen, denn nichts anderes mache ich, wenn ich in Zukunft Strigaljows[7] Ratschlag befolge, mein Leben zu erzählen, als wäre es ein Roman. Das ist mir schon einmal annähernd geglückt, in den ersten Berichten an Sie nämlich, und es kann mir wieder glücken, vor allem seitdem ich weiß, weshalb ich in den letzten Berichten zu kreisen begann: Weniger aus Eitelkeit oder purer Schreiblust, sondern weil ich mich nicht von meinem früheren Ich verabschieden konnte.

Ich wollte nicht der werden, der ich heute bin.

„Es muss dein Ziel sein, dieses Ich zu werden", mahnte der unbestechliche Strigaljow kürzlich. „Wenn du die Gegenwart nicht erreichst … wenn du

[5] Heimat ist für Georg Fahlmann das Saarland.

[6] Was Fahlmann nicht weiß: I.B.F. ist die Abkürzung für International Barfly, was man gut als I.B.S. übersetzen könnte (Internationaler Barsäufer).

[7] Strigaljow: verstorbener Schriftsteller und enger Freund von Fahlmanns Großvater. Fahlmanns Psychopompos.

Paris nicht erreichst, war alles umsonst." Und dann? Wenn ich die Gegenwart erreicht habe? Was geschieht dann? Ich weiß es nicht und will es nicht wissen. Noch nicht. Erst muss ich ankommen, will ich ankommen.

Bei einem bösen Walross, das sich in ein Kellnerkostüm gezwängt hat, bestelle ich einen vierten Gimlet und überdenke die Tragweite des Entschlusses. Dass ich mich nun darauf beschränken werde, so knapp und präzise wie möglich zu schildern, was in jenem Sommer geschah, genauer gesagt: was in den Wochen vor der Abreise geschah, klingt schwierig, aber vielleicht lasse ich die Sonnenbrille der Mnemosyne nicht ganz so schwarz getönt sein wie angekündigt. Vielleicht erlaube ich ihr bisweilen sogar, die dunklen Gläser für einen Augenblick (für wenige Sekunden nur, nicht länger, versprochen) abzunehmen. Nebenbei bemerkt, eröffnet mir der Entschluss Freiheiten, ungeahnte Freiheiten, die keineswegs ungenutzt bleiben sollen. So darf ich mich jetzt, ohne dabei ein schlechtes Gewissen zu haben, im Aschenbecher der Herrentoilette eine israelische Zigarette entdecken lassen, eine kaum angerauchte Zigarette der Marke TIME.

Danach fuhr Georg Fahlmann[8] mit der Métro zurück ins *Empire-Hôtel* und begann die Arbeit an dem Roman, der damals noch keinen Titel hatte, aber später *Die falsche Etage* heißen sollte. Womöglich dachte Fahlmann daran, was ein ehrlicherer Mann schrieb, als er ein ähnliches Projekt in Angriff nahm: *Ich plane ein Unternehmen, das kein Vorbild hat und dessen Ausführung auch niemals einen Nachahmer finden wird. Ich will vor meinesgleichen einen Menschen in aller Wahrheit der Natur zeigen, und dieser Mensch* (Leser, halt den Atem an!) *werde ich sein.* Und dieser Mensch werde *ich* sein, dachte Fahlmann, während er *Eine Sonnenbrille für Mnemosyne* in den Briefumschlag schob, und dieser Mensch, dachte Fahlmann, als er kurz darauf den weißen Fischbauch der roten Marianne[9] mit nasser Zungenspitze liebkoste, wird Ich sein.

[8] Fahlmann nimmt sich die Freiheit, bisweilen über sich in der dritten Person zu schreiben. Oder schreibt hier jemand anderes über Fahlmann? Etwa sein Freund Thomas Winkler? Oder Strigaljow? Oder gar Doktor Birch?

[9] Die rote Briefmarke, die Fahlmann auf den Brief mit dem Bericht an Doktor Birch klebt, schmückt Marianne, die Nationalfigur der Französischen Republik.

Der Autor

Christopher Ecker, geboren 1967, deutscher Schriftsteller, lebt und arbeitet in Kiel. Zuletzt erschien sein Tausend-Seiten-Roman *Fahlmann* (2012), den der Kritiker Denis Scheck als „eines der großen Leseabenteuer der deutschen Gegenwartsliteratur" bezeichnete.

MIXENDE KUNST

EIN GESPRÄCH

Ein Teebeutel im Gin and Tonic? Der Mixologe Klaus St. Rainer erklärt im *Tanqueray Tea Lab* Bartendern aus ganz Deutschland, warum das eine super Idee ist. Ein Gespräch über die Kunst des Bartenderns.

„… Krauseminze zum Beispiel passt gut zu Rosmarin. Und Eukalyptus und Thymian sind auch eine gute Kombination. Aber ihr könnt die Teedrogen und Botanicals eigentlich so mischen, wie ihr wollt, ganz nach eurem Geschmack. Hier auf dem Tisch steht für jeden von euch eine Waage und ein Teesieb. Die Botanicals stehen in den großen Müsligläsern hinter euch. Legt einfach los, ich bin gespannt."

„Herr Rainer, was machen Ihre Kollegen da?"

„Sie entwerfen ihre eigenen Teemischungen, die sie in ihren Bars für Gin and Tonic and Tea nutzen."

„Ich habe von dem Trend gehört. In Spanien wird es viel getrunken, oder?"

„Ja, das stimmt. Dort durfte ich vor einem Jahr auch in einem der größten Teelabore der Welt mitarbeiten. Zusammen mit *Tanqueray* habe ich danach herausgearbeitet, wie wir diesen Trend auch in Deutschland nutzen können. Allerdings … so neu ist der Trend gar nicht. Ich habe schon häufig beim Gimlet einen Beutel Earl Grey mit in den Shaker geschmissen, das passt gut."

„Sehen Ihre Gäste das auch so?"

„Ganz ehrlich? Ich hatte gar nicht damit gerechnet, dass es beim Gast so gut ankommt. Eigentlich hätte es mir aber klar sein müssen. Die meisten Gäste lieben es, wenn sie auf irgendeine Weise in das Cocktailmixen eingebunden werden – und sei es nur mit der Entscheidung ,Wann nehme ich den Teebeutel raus?' Für mich als Bartender ist es unglaublich spannend, wie viele Möglichkeiten die Teemischungen bieten. Je nach Mischung kann ich die Noten des Gins hervorheben, einen neuen Geschmack hinzufügen oder einfach nur für einen tollen Farbeffekt sorgen. Warten Sie mal ... riechen Sie mal das hier."

„Riecht nach Kräutern."

„Das ist meine ,Goldene Bar Teemischung' auf Kräuter- und Wurzelbasis. Sie ist sehr filigran, man schmeckt den Gin noch, aber der Gin and Tonic wird insgesamt runder, zugänglicher und harmonischer."

„Und was glauben Sie, werden Ihre Kollegen hier entwickeln?"

„Ich tippe, ungefähr sechs Mischungen werden rot sein, das ist fast immer so. Und zwei bis drei Bartender werden sich hoffentlich auch ans Isländisch Moos trauen. Haben Sie das schon mal gerochen? Das habe ich in einem dieser Gläser, ja, hier."

„Hm ... riecht ein wenig nach Hafenbecken."

„In der Tat." *(lacht)* „Isländisch Moos riecht ein wenig wie Seetang. Ich versuche schon, während ich die Teedrogen vorstelle, die Bartender anzustacheln, es mit Isländisch Moos zu probieren, weil ich es so spannend finde. Es richtig einzusetzen ist eine hohe Kunst."

„Ist Bartending nicht generell eine Kunst?"

„Ich würde eher sagen, es ist eine Kombination verschiedener Dinge. Es ist ein Handwerk, das auf jahrhundertealtem Wissen basiert, und natürlich ist es auch eine Dienstleistung. Ich brauche aber auch ein hohes Maß an Kreativität – beim Kreieren eines Drinks genauso wie bei der Bewirtung der Gäste. Aber ich muss zugeben, dass mir der kreative Teil am meisten Spaß macht. Eigentlich wäre ich nämlich gern Künstler geworden."

„Was hat Sie davon abgehalten?"

„Die Gastronomie! Ich kam gar nicht dazu, Künstler zu werden. Mit 13 hatte ich meinen ersten Nebenjob als Aushilfe im *Bayerischen Hof*. Das war Silvester 1995/1996. Ich habe mich damals sofort unsterblich verliebt. Als ich alt genug war, bin ich auch irgendwann hinter der Bar gelandet und habe gemerkt, wie viele kreative Freiräume der Beruf bietet. Ich weiß noch, dass ich damals den Typen hinter der Lobbybar für den Coolsten im ganzen Hotel gehalten habe."

Über das *Tea Lab*

Das *Tanqueray Tea Lab*, das wir für dieses Buch besucht haben, fand im September 2013 in München statt. Innerhalb von drei Wochen haben Barkeeper aus Deutschland, Österreich und der Schweiz in eintägigen Workshops und mit Unterstützung von Klaus St. Rainer eigene Teemischungen entworfen.

„Und, ist Ihr Job heute so cool?"

„Na ja, ich muss mich heute wohl eher als Marionettenspieler bezeichnen. Ich würde gern mehr an der Mixstation stehen, aber mit einer eigenen Bar ist das Aufgabenfeld um einiges breiter. Ich muss bei den Gästen sein, in der Küche, an der Tür."

„Aber Sie mixen doch auch noch."

„Ja, meine Handschrift muss ja weitergeführt werden. Aber ich mixe heute mehr zu Hause als in der Bar. Ich habe meine Küche in eine Art Labor verwandelt. In den Vorratsschränken, stehen Botanicals und zig andere Zutaten wie Gelatine und Zucker. Ich probiere dort einfach viel aus ..."

„Tschuldige, Klaus, kannst du mal meine Mischung probieren? Ich finde, sie ist noch nicht ganz rund."

(trinkt) „Es schmeckt sehr umami. Da ist Isländisch Moos drin, oder?"

„Ja, außerdem Koriander und Ingwer. Und ich habe noch ein bisschen süße Sojasauce dazugemischt. Ich wollte einen Drink zu japanischem Essen entwickeln."

„Ich sag ja, irgendjemand wagt sich immer ans Isländisch Moos. Aber wo waren wir?"

„In Ihrer Küche. Sie haben erzählt, dass Sie dort viel ausprobieren."

„Ja, und wenn die Idee oder das Produkt gut ist, gehe ich damit zu meinen Jungs in die Bar und wir überlegen gemeinsam, ob wir es für die tägliche Karte nutzen können."

„Was haben Sie denn zuletzt ausgetüftelt?"

„Ich habe mit der Mikrowelle gespielt. Zuerst habe ich gemahlenen Kaffee drei Minuten im Wasser auf der Herdplatte kochen lassen. Der Kaffee war bitter und ungenießbar. Dann habe ich den gleichen Versuch in der Mikrowelle wiederholt. Da hatte der Kaffee plötzlich eine leichte Süße und war unglaublich aromatisch. Ich habe aber noch gar keine Erklärung dafür. Manchmal entstehen die besten Sachen durch einen Unfall."

„Dabei habe ich gelesen, dass Sie Ihre besten Einfälle im Rausch hätten."

„Ja, das ist nicht ganz falsch. Ich will das nicht verallgemeinern, aber Rausch macht natürlich frei. Er erlaubt, in Richtungen zu denken, in denen wir normalerweise sagen: ‚Hier ist Schluss.' Ich hoffe, die Jungs hier haben heute auch in alle Richtungen gedacht. Ich muss jetzt mal nachschauen."

Über Klaus St. Rainer

Das Einmaleins der Gastronomie lernte Klaus Stephan Rainer, geboren 1972, im *Bayerischen Hof* in München. Später mixte er als Barchef für Ernst Lechthaler bei den Academy Awards in L. A. und bei den Filmfestspielen in Cannes. Von 2003 bis 2010 arbeitete er hinter dem Tresen der legendären Münchner Bar *Schumanns*. Heute führt er in München mit Partnerin Leonie von Carnap die *Goldene Bar* im *Haus der Kunst*.

TANQUERAY NO. TEN

Mustergültig

Charles Tanqueray hat im frühen 19. Jahrhundert die Zeichen der Zeit erkannt. Er hatte Felix Booth und Alexander Gordon beobachtet – und machte es den beiden einfach nach: Er gründete seine eigene Gin-Destille. Heute gehört *Tanqueray* zum Konzern Diageo und steht wie damals für hochwertigen Gin. *No. Ten* ist einer von vier Gins der Marke. Er basiert auf einem traditionellem *Tanqueray*-Rezept, doch frische Grapefruit und Kamille machen ihn zu einem außergewöhnlichen Vertreter seiner Zunft. Sehr intensives Aroma; perfekter Partner für den Dry Martini, gehört deshalb in jede Hausbar.

KEIN GLAS ZU VIEL

Der Gin and Tonic wird im Martiniglas serviert? Da hilft nur eins: fluchtartig die Bar verlassen! Ein guter Drink braucht das richtige Glas. Eine kurze Gefäßlehre.

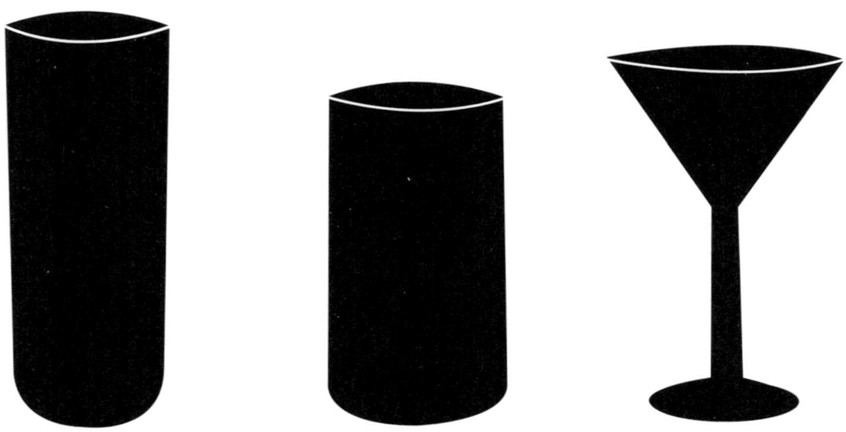

COLLINS

Was reinpasst:
300 bis 450 ml

Was rein darf:
Softdrinks, Mai Tais und Collins. Das Glas ist dem Highball sehr ähnlich, jedoch höher.

HIGHBALL

Was reinpasst:
230 bis 350 ml

Was rein darf:
gemixte Drinks auf Eis, zum Beispiel der Gin and Tonic; das am häufigsten verwendete Glas in Bars. (Übrigens wird der Highball – wie alle runden Gläser mit dickem Boden – auch Tumbler genannt.)

MARTINIGLAS

Was reinpasst:
120 ml

Was rein darf:
Cocktails ohne Eis, zum Beispiel Cosmopolitan, Manhattan, Gimlet und – ja, sicher – Martinis. Damit die Getränke kühl bleiben, hat das Glas einen langen Stiel.

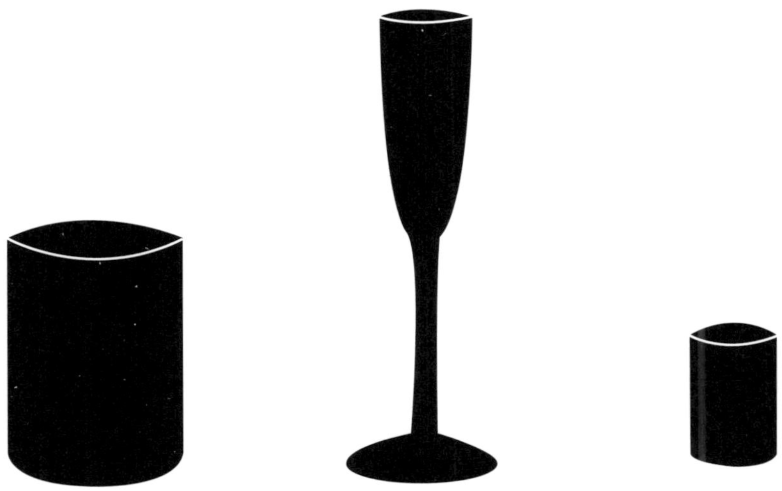

OLD FASHIONED

Was reinpasst:
150 bis 180 ml

Was rein darf:
zum Beispiel Whisky und Gin auf Eis. Old-Fashioned-Gläser (auch Rocks genannt) haben einen dicken Boden, wenn das Eis reinfällt, sollte es deshalb so klingen: „ting!“.

FLUTE

Was reinpasst:
180 bis 300 ml

Was rein darf:
jedes Getränk, das sprudeln kann; die Tulpenform fördert die Bläschenbildung. Der Effekt funktioniert am besten, wenn das Glas vorher gekühlt wird.

SHOT

Was reinpasst:
20 ml

Was rein darf:
alles, was in einem Schluck getrunken werden soll. Das Shot-Glas eignet sich aber auch hervorragend, um für Mixgetränke die richtigen Mengen abzumesen.

DER KÖNIG DER COCKTAILS

VON GERHARD WALDHERR

Der perfekte Martini ist ein Kunstwerk. Und jeder Schluck bringt Tropfen von Leidenschaft, Laster und Legenden. Die Geheimnisse eines Drinks voller wunderbarer Anekdoten.

Was Glück ist? Zugegeben: eine große Frage, gelassen hingeworfen. Aber wie wär's damit: zwei Unzen *Bombay Sapphire* Gin, eine halbe Unze Wermut der Marke *Martini & Rossi*, ein Spritzer *Fee's Orange Bitters*, das Ganze in einen mit Eiswürfel gefüllten Shaker gegeben, schackatack, siebenmal geschüttelt, und dann ab damit in ein gekühltes, langstieliges Glas. Das, garniert mit einem Stückchen gezwirbelter Zitronenschale oder einer gefüllten Olive, wäre ein Rezept für einen Classic Dry Martini, und es stammt von Anistatia Miller und Jared Brown, zu denen wir gleich noch kommen werden.

„Nehmt mir meine nassen Klamotten ab", soll der Schriftsteller Robert Benchley gerufen haben, als er an einem verregneten Abend seinen Stammtisch im New Yorker Algonquin Hotel erreichte, „und gebt mir einen trockenen Martini." Denn Glück, pflegte man dort zu vorgerückter Stunde zu philosophieren – es muss wohl in den Vierzigerjahren gewesen sein –, Glück sei entweder ein trockener Martini in Gesellschaft einer schönen Frau. Oder ein trockener Martini.

Es ist nicht so, dass kultiviertes Trinken eine amerikanische Erfindung wäre, schließlich wurden Pilsener, Bordeaux und Single Malt anderswo erfunden. Aber vom Martini haben sie Ahnung, und als Beleg dafür mag gelten, dass das Waldorf-Astoria dereinst über 100 Martinis auf der Getränkekarte hatte und William Powell alias Nick Charles im 1934 gedrehten Film *Der dünne Mann* sagt: „Sehen Sie, das wichtigste Element ist der Rhythmus. Man muss Rhythmus im Schütteln haben – ein trockener Martini verlangt immer nach einem Walzer." Wenn das nicht Stil hat. Dagegen sind Schuhe von Gucci Kokolores.

Der Martini gilt als König der Cocktails, aber auch als größtes Rätsel der Mixologie. Okay, Dry Martini ist mit viel Gin und wenig Wermut (und/oder anderen Alkoholika), Medium Dry Martini ist mit ein bisschen mehr Wermut und so weiter. Aber darüber hinaus bleiben noch reichlich Fragen. Darunter jene, die auf den berühmtesten Geheimagenten Seiner Majestät zurückgeht: geschüttelt oder gerührt? Mal abgesehen davon, dass man Martinis außer mit Gin auch mit Wodka, natürlich mit Wermut, aber auch Triple Sec, Blue Curaçao, Kakaolikör oder Marsala zubereiten kann und so ziemlich allem anderen, was schwindlig macht, darunter Sake; von dekorativem Gemüse wie Salatgurke oder Spargel ganz zu schweigen.

Bei dieser Palette ist es naheliegend, dass die New Yorker Abendschule für alle Lebenslagen, *Learning Annex*, einen Kurs anbietet mit dem Titel: *How to Make the Perfect Martini.* Dozenten sind Miller und Brown. *Shaken Not Stirred: A Celebration of the Martini* heißt deren Buch, ein empfehlenswerter Bestseller, der auch in Deutschland erschienen ist unter dem eher beknackten Titel *Gemixt, nicht gerührt*. Als ob geschüttelt nicht gemixt wäre. Aber Deutschland, behauptete neulich ein ambitionierter Trinker aus New York, sei in Sachen Martini ohnehin Entwicklungsland. Er kam von einem Besuch aus Berlin zurück und erzählte erschüttert: „Noch nicht mal in der Bar des Kempinski Hotels, wussten sie, was ein Twist ist." Ein Twist ist die gezwirbelte Zitronenschale von vorhin, auch Zeste genannt.

Downtown Manhattan. *Sun Culinary Institute*, 22nd Street, Apartement 2N. Es beginnt *How to Make the Perfect Martini*. Zwei Dutzend Besucher. Auf einer Tafel Käsehäppchen. Kaum durch die Tür gekommen, ist man Besitzer eines kleinen Cocktailführers sowie einer Verkostungsprobe Wermut und Gin, dekorativ eingebettet in eine Pappschachtel mit Partikeln von Cassiarinde, Wacholderbeeren, Koriandersamen, Lakritze und Edelwurz, die dem Schnaps unter anderem sein Aroma geben. Hinter einem Tresen Anistatia, studierte Archäo- und Astrologin. Sie trägt ein schwarzes Abendkleid, Jared ein Smokingjackett. Sie extrovertiert, Diva. Er schüchtern, gelernter Kellner. Anistatia: „Du musst unbedingt von Winston Churchill und Lady Astor erzählen und von Franklin D. Roosevelt und von Ernest Hemingway und von Humphrey Bogarts letzten Worten."

Es sind die letzten konkreten Wahrnehmungen der Kursteilnehmer. Anistatia hantiert bereits mit einer Flasche Genever, Weißwein und Zimt. Sie sagt: „Die Geschichte des Martini ist umfangreich und verwirrend. Deshalb steigen wir besser gleich ein." Und zwar volle Kanne. Ein derartiges Gefäß wird nämlich nun herumgereicht.

Plätschern in unseren mitgebrachten Gläsern, und wir kosten zunächst eine der Versionen, die als Vorläufer des heutigen Martini gelten. Kreiert haben soll sie 1763 J. P. A. Martini, Hofkomponist von König Stanilaus in Lunéville. Eigentlich hieß er Johann Paul Aegidius Schwartzendorf und kam aus Freistadt. Das Pseudonym legte er sich zu, weil damals gerade italienische Komponisten en vogue waren. „Sein Talent", sagt Jared, „lag nicht unbedingt in der Musik." Wenig später schon lacht das Auditorium über noch schlechtere Witze.

Der Abend hat mit ernsthaftem Studium aber auch wenig zu tun. Es ist nicht so, dass wir erfahren, wie das Mischungsverhältnis eines perfekten Martini aussieht. Jared: „Vier Teile Schnaps oder sechs Teile zu einem Teil Wermut, ein Spritzer hiervon, einer davon, je nachdem, was Ihnen schmeckt, müssen Sie selbst herausfinden." Es ist wohl auch nicht definitiv festzustellen, wie und wo der Cocktail entstanden ist. Anistatia: „Wir haben bei der Recherche unseres Themas jeglichen Überblick verloren." Sie haben aber auch 400 Martinis getestet währenddessen. Immerhin schütteln und rühren, mixen und schwadronieren unsere beiden Übungsleiter so ungehemmt drauflos, dass man augenblicklich erheitert ist. Angeheitert nicht minder.

Wissensdurst ist eine Sache, in Verbindung mit Alkohol ist sie eher nebensächlich. Kann einem doch wirklich schnurz sein, ob der Martini erstmals im kalifornischen Martinez gemixt wurde für einen Goldgräber (Gin und Boker's bitterer Orangenextrakt). Oder vom Barmann des New Yorker Knickerbocker Hotels, Martini Di Taggia, erfunden wurde (für einen gewissen Mr. Rockefeller?). Oder doch Achtzehnhundertirgendwas von Jerry Thomas, dem berühmten Zaubermeister hinter dem Tresen des Occidental Hotels in San Francisco (für wen, blieb ein Geheimnis)? Immerhin gilt als gesichert, dass Gin um 1650 herum in Holland als Nierentonikum entwickelt wurde und dass er sich später in England den Spitznamen „Mutter des Ruins" erwarb. Ganz London war besoffen von Gin mit Milch. Später kam Wermut in Mode, genannt *Gin and French*. Nun, irgendwie sind die Briten an allem schuld.

Seine unbestrittene Blütezeit erlebte der Martini allerdings in den USA. Insbesondere nach der Prohibition, deren Ende US-Präsident Roosevelt angeblich mit einer Mixtur aus Gin und Wermut zelebrierte. Die potente Mischung dominierte Bälle, Partys, Bars und wurde in Hollywood zur unerlässlichen Requisite. Ein Martini durfte nicht fehlen, wenn zu blauem Dunst während der blauen Stunde eine Aura aus Glamour und Eleganz gefragt war. In den 50er-Jahren waren Cocktailshaker das Standardgeschenk jeder Hochzeit, noch heute gelten Barkeeper wie Dale DeGroff, der im legendären New Yorker *Rainbow Room* mixte, als Legenden. Dessen Rezept für den perfekten Martini beinhaltet 50-Mal umrühren im Uhrzeigersinn. DeGroff: „Erst das Schmelzwasser macht die Qualität, ein Martini muss so kalt sein wie das Herz einer treulosen Frau." Seit der Martini in den 90er-Jahren eine Renaissance erlebte, geht es am Tresen wieder extrem cool zu.

Man kann das Getränk ob seiner Potenz nicht mögen, die Storys, die es der Welt bescherte, sind wunderbar. Churchill, hören wir, hat täglich Martinis getrunken. Vorzugsweise dry, wobei es sich in seinem Fall um puren Gin handelte. Sein Tribut an den Wermut bestand während des Mixens in einer Verbeugung Richtung Frankreich. Lady Astor, die ihn nicht leiden konnte, soll mal gesagt haben: „Sir, wäre ich Ihre Frau, ich würde Ihren Drink vergiften." Darauf der Eiserne Premier: „Madam, wäre ich Ihr Mann, ich würde ihn trinken." Und Hemingway verewigte das Getränk in seinem Roman *Über den Fluss und in die Wälder*, worin ein „Montgomery" vorkommt (15 Teile Gin, ein Teil Wermut). Der britische Feldmarschall heißt es, wagte Rommels Panzer erst bei einer Übermacht von 15 : 1 anzugreifen.

Wie wir alle wissen, hatte Hemingway eine kampferprobte Leber. Gottlob, denn der Martini hat dummerweise eine sehr problematische Seite. Er macht sehr schnell und dann erheblich betrunken. In unserem Fall macht sich das neben sanftem Brennen in der Speiseröhre bemerkbar, während die ominöse Kanne unerbittlich kreist. „One, two, three, door", habe er seinen Gästen immer gepredigt, als er noch als Barkeeper gearbeitet habe, sagt Jared, schließlich sei die Steigerung überaus fatal: „Four, five, six, floor." Und von der exzentrischen Schriftstellerin und Partylöwin Dorothy Parker stammt der unvergessliche Vierzeiler:

Ich trinke gerne Martinis
Doch sind zwei genug serviert
Nach dreien liege ich unter dem Tisch
Nach vieren unter dem Wirt.

I like to have martini,
two at the very most,
after three I'm under
the table,
after four I'm under
my host.

Wir nehmen unterdessen noch einen, diesmal mit Wodka. Schule, die Spaß macht. Eine Frau in roter Bluse brabbelt lautstark und mit hochrotem Kopf. Ein Mann mit Brille und schütterem Haar fällt beinahe seiner Sitznachbarin ins Dekolleté. Dazu wird ringsum Camembert mit unkontrollierten Messereinsätzen zerhackt. Und ein älterer Schwarzer leert sein Glas mitsamt Olive und sagt zwischen herzhaften Bissen zu Jared: „Was ist eigentlich der Unterschied zwischen Gin und Wodka?" Jared: „Um Himmels willen, schlucken Sie den Zahnstocher nicht runter! Das kann innere Blutungen verursachen!" Der Mann mit Brille und schütterem Haar fragt seine Nachbarin: „Gehen wir nachher noch woanders hin?"

Erzählen wir noch, dass ein Martini mit Silberzwiebel *Gibson* genannt wird? Und der mit schwarzer Olive und Mandel *Eight Ball* oder *Boston Bullet*? Und dass es auch Versionen mit Anchovis oder Zitronenbonbons gibt? Machen wir glatt. Und Erwähnung verdient auch, dass es flammt und flackert, wenn Könner wie DeGroff über einem Cocktailglas und hinter einem Streichholz eine Orangenschale zerquetschen. „Die aromatischen Öle", so Jared, „fallen dann in den Drink und geben ihm einen besonders pikanten Geschmack." Das soll's gewesen sein über den Cocktail, der selig macht. Wer bis hierher durchgehalten hat, der hat eine Belohnung verdient. Die besten Martinis in New York gibt es in der Bar des Four Seasons Hotels. Und Bogarts letzte Worte, so will es die Legende, waren: „Ich hätte nie von Scotch auf Martini umsteigen sollen."

Der Autor

Gerhard Waldherr, geboren 1960, machte seine erste Begegnung mit Gin als Tennisreporter in Wimbledon. Dort pflegte man Regenpausen an der Bar des Pressezentrums zu überbrücken. Unvergessen der Toast des Münchner Kollegen Robert L. vor dem nicht mehr ersten Gin and Tonic: „That's how I like my Wimbledon – pleasure instead of pressure!" Waldherrs Text über Martini entstand während seiner Zeit als freier Korrespondent in New York.

DORGOTHY PARKER

Denkwürdig

Denkmal, wem Denkmal gebührt. Die US-amerikanische Schriftstellerin Dorothy Parker hat dieses flüssige wahrlich verdient (siehe Vierzeiler links). Der *Dorothy Parker* Gin der New York Distilling Company vereint traditionelle und moderne Zutaten wie Zimt, Zitrone, Holunder und Hibiskus.

Martini

6 cl Gin
1 cl trockener Wermut (Dry Vermouth)

Zutaten mit Eiswürfeln in ein Rührglas geben, gut umrühren und in eine gekühlte Martinischale abseihen. Öl aus einem Stück Zitronenschale auf den Drink spritzen oder mit einer Olive garnieren.
Aber wie schon gesagt:
Für die perfekte Mischung heißt es üben beziehungsweise trinken.

TRINKT WHISKY!

VON JULIAN HEISSLER

Gute Freunde halten Händchen bei Liebeskummer, haben die besten Rezepte gegen Kater und einen unendlichen Vorrat guter Ratschläge. So ein Ratschlag lag kurz bevor dieses Buch gedruckt werden sollte, in unserem E-Mail-Posteingang. Betreff: „Intervention gegen das Gin-Buch". Etwas spät, aber bestimmt gut gemeint … Lesen Sie selbst.

Liebe Margitta, liebe Melanie,

ich habe noch lange über eure Buchidee nachgedacht. An sich ist es ja bewundernswert, dass ihr eins herausgeben wollt. Aber bitte, warum denn ausgerechnet über Gin?! Es gibt so fantastischen, scharfen Alkohol da draußen, und ihr wollt euch nur mit dieser Wacholderbrause beschäftigen? Dafür sollten keine Bäume sterben!

Lasst es mich erklären: Erst kürzlich war ich wieder mit überzeugten Gin-Trinkern wie euch unterwegs. Wir waren im *Tier* in Neukölln. Begeistert studierte die Truppe die in Leder geschlagene Karte. Bald darauf hielt die Erste einen Rubicon in der Hand – Gin, Maraschino, frisch gepresster Zitronensaft, dazu zwei Zweige frischer Rosmarin. Ihr Gesichtsausdruck versprach bei jedem Schluck himmelhohen Genuss. Ich griff nach ihrem Glas. Na ja.

Eine andere Nacht, eine andere Bar. Es wurde schon Zeit zu gehen, da entdeckte ich eine Flasche zehnjährigen *Laphroaig* hinter dem Tresen – der Abend war noch nicht vorbei! Der rauchige Single Malt brachte schon beim ersten Nippen die Geschmacksknospen zum Explodieren. Gut, ich gebe zu, das mag nicht jeder. Auch mein Kumpel auf dem Barhocker neben mir kämpfte mit jedem Schluck. Whisky, insbesondere dieser von der Insel Islay, kann schmecken, als hätte man in einen großen Ballen Torf gebissen – modrig, herb, bitter. Manchen geht bei ihrem ersten Single Malt das Herz auf, andere fassen nie wieder ein Glas Whisky an.

Ein Gin hat zumindest in meiner Gegenwart noch bei niemandem eine solche Reaktion hervorgerufen. Gin Tonic? Warum nicht. Er erfrischt, bringt ein bisschen Buzz mit, und fast jeder Barkeeper kann ihn verletzungsfrei zusammenmischen. Das macht den Gin Tonic zur Angela Merkel der Mixgetränke: nicht wirklich aufregend, tut aber auch nicht weh. Er ist der Konsenscocktail unserer Zeit. Und dem wollt ihr ein ganzes Buch widmen?

Na ja, immerhin schreibt ihr nicht über Wodka! Für eine anständige Druckbetankung gibt es zwar nichts Besseres auf dem Markt des Hochprozentigen. Der eher dezente Geschmack (oder treffender: seine Geschmacklosigkeit) macht ihn zum idealen Partybegleiter. Ob pur oder gemixt – irgendwie fällt er nie unangenehm auf. Das ist allerdings auch das Beste, was man über Wodka sagen kann.

Ob russischer *Beluga*, schwedischer *Absolut*, finnischer *Finlandia* oder die örtliche Motorenreinigungsflüssigkeit, die einem in manchem osteuropäischen Dorf angeboten wird: Den Unterschied kann zumindest ich nur am Preis festmachen – und vielleicht noch am Kater, der mich am nächsten Tag erwartet oder eben nicht. Für Trinkgenuss ist das zu wenig.

Ihr wollt genießen? Trinkt Whisky – nicht Gin! Ihr müsst ja nicht gleich mit schottischem Single Malt beginnen. Amerikanischer Bourbon und irischer Whiskey verzichten auf den vollen Geschmack des Torfs und fließen viel leichter die Kehle hinunter. Vor *Jameson* hat niemand Angst. Und wenn euch purer Whisky für den Anfang zu intensiv ist, gibt es ja noch den König des erfrischenden Cocktails: den Whiskey Sour.

Es ist ein simpler Drink. Whiskey oder Bourbon, dazu Zitronensaft und Zucker. Laut *International*

Bartenders Association gehört er zu den Before-Dinner-Cocktails, aber jeder, der sich jemals an einem Cobbler voll Whiskey Sour festgehalten und der Sonne beim Aufgehen zugesehen hat, weiß, dass dieser Drink zu allen Tages- und Nachtzeiten passt. Es lässt einen Abend sanft beginnen und erfrischt nach einer durchtanzten Nacht. Allerdings – davor muss ich warnen! – es ist auch ein Drink, der trotz seiner scheinbaren Einfachheit allzu leicht zu versauen ist.

Ein Beispiel aus einer Kleinstadt in der westdeutschen Provinz. Es ging auf 22 Uhr zu, nur in der Sportbar am Marktplatz war noch Licht. Hier einen Whiskey Sour zu bestellen war riskant. Die Flaschenauswahl hinter der Theke machte nicht viel Hoffnung. Meine Begleiter flüchteten sich in die sicheren Drinks – Bier, Wein, Gin Tonic –, aber ich wollte auf mein geschätztes Glas Glück nicht verzichten. Als der Kellner den Cocktail vor mir abstellte, rutschte mir jedoch das Herz in die Hose. Zwei kleine Cocktailkirschen schwammen in einem Gemisch aus Orangensaft und etwas, das sich wohl nur wegen der EU-Spirituosenrichtline Whiskey nennen darf. Den Rest des Abends wich ich keinen Millimeter mehr von der Biersektion der Karte ab.

Dabei kann das Durchprobieren durch Whiskey-Sour-Varianten fast so viel Spaß machen wie eine Single-Malt-Verkostung. Ein lauer Sommerabend, alle Tische vor dem *Kirk* in Kreuzberg waren besetzt, meine Begleiterin und ich fanden nur noch auf der Bank direkt am Fenster einen leidlich angenehmen Platz. Egal, wir hatten uns Großes vorgenommen: Wir würden den ultimativen Whiskey Sour suchen, bis wir ihn entweder gefunden hatten oder in der Privatinsolvenz respektive der Notaufnahme gelandet waren.

Als wir uns Stunden später vertagten, waren die Tische um uns leer. Die Miete für den nächsten Monat gehörte längst dem Barkeeper. Dafür hatten wir Ergebnisse. Begonnen hatten wir mit Bourbon. Dann arbeiteten wir uns über den Atlantik nach Osten vor. Über Irland zu den schottischen Inseln und schließlich in die Highlands.

Wir waren unentschlossen. Für sie passte sich der sanfte Bourbon am besten dem Zitronensaft an, mir schmeckte der etwas herbere irische Whiskey am besten. Der schottische Whisky – zumindest da waren wir uns einig – ist zu dominant und nimmt dem Drink die Frische …

Whisky oder Whiskey?

Beides ist aus Getreide destillierter Schnaps, der mindestens drei Jahre in Holzfässern gereift sein muss. Der schottische Whisky – immer ohne e – und der irische Whiskey – immer mit e – haben gemälzte Gerste und eine andere Getreideart als Grundlage. Wird er nur aus gemälzter Gerste destilliert, spricht man von einem Malt. Stammt das Destillat nur aus einer einzigen Brennerei, von einem Single Malt. Der amerikanische Bourbon besteht dagegen zu 51 Prozent aus Mais und hat keine Mindestreifezeit. Singles gibt's dort ebenfalls nicht.

Es sind Abende wie dieser, die den Whisky zum Fixstern der Bar machen! Neben ihm ist ein Gin nur blass, um nicht zu sagen: farblos.

Ich weiß ja nicht, wie es beim Gin ist, aber die Whisky-Produktion folgt sehr strengen Regeln. Geschmacksverstärker oder künstliche Zusatzstoffe sind tabu. Trotzdem verleihen die Destillerien jedem ihrer Produkte einen eindeutigen, individuellen Geschmack – und das nur mit natürlichen Zutaten. Ich bin überzeugt, daran kommt kein Gin (Hauptmerkmal: schmeckt irgendwie nach Wacholder) und kein Wodka (Hauptmerkmal: schmeckt irgendwie nach nichts) heran – und von all den anderen Spirituosen dieser Erde müssen wir gar nicht erst sprechen.

Deshalb wäre es eine Schande, wenn ihr, liebe Margitta und liebe Melanie, nicht zumindest auf die Welt hinweisen würdet, die es außerhalb der profillosen und durchsichtigen Drinks noch gibt. Anständiges Trinken ohne Whisky, Whiskey oder Bourbon ist – um einen bekannten Spruch abzuwandeln – möglich, aber sinnlos.

Cheers,
Julian

Der Autor

Julian Heißler, Jahrgang 1983, arbeitet als Politikredakteur in Berlin. Er hält die Ausrichtung dieses Buches nach wie vor für einen schweren Fehler. Mit Gin hat er immer noch nicht viel am Hut – und so lange auf Islay noch Whisky gebrannt wird, dürfte sich das wohl nicht mehr ändern.

JODHPUR

Meisterlich

Lieber Julian, wie schön, dass du dich sorgst. Wir glauben jedoch, du hast einfach die falschen Gins getestet. Probier es doch mal mit diesem hier. Der *Jodhpur* – ein Spanier mit Engelwurz, Wacholderbeeren, Koriander und Bittermandeln – ist immerhin preisgekrönt.

MID

NIGHT

KUMMER AUF GIN

VON TOM KUMMER

Eine düstere Spelunke in Los Angeles, Korea Town. Snow, die Frau hinter dem Tresen weiß, was ihr Gast will: Gin and Tonic, viele Gin and Tonic! So viele, dass Realität und Fantasie eins werden in dieser Sommernacht, in der Tom Kummer viele Bekannte trifft: Ryan Gosling, Mickey Rourke, Hemingway und einen mutmaßlichen Auftragskiller.

Frank 'n Hank, 518 Western-Avenue, Los Angeles, die Dunkelheit beginnt hier schon am Nachmittag. Sie sitzt tief, hält dich fest und kann eine Ewigkeit dauern. Vor mir auf dem Tresen steht jetzt ein hohes, dünnes Longdrinkglas. Vier Eiswürfel passen rein. Das Glas wurde bis zur Hälfte mit eisgekühltem Gin gefüllt. Dann mit Tonic aufgegossen. Zwei schwarze Strohhalme stecken im Glas. Es ist mein vierter Drink. Und das ist erst der Anfang.

Meine Anspannung lässt noch nicht nach, aber sie wächst auch nicht mehr. In mir drinnen herrscht Stille. Was hört man in der Stille vor dem fünften Gin and Tonic? Zuerst meldet sich die Erinnerung zurück – weil für sie in der Außenwelt vielleicht keine Zeit war. In Sequenzen ziehen langsam die verheizten Augenblicke der letzten Tage vorbei, meine ganz private Wochenschau, die sich immer mehr zu einem Hirnfilm steigert. Dann plötzlich: Stillstand. Der nächste Schluck. Ich spüre jetzt den Wacholder, auch etwas Koriander. Ich vertraue meinem Gin and Tonic, vertraue der Stille, nachdem ich das Glas auf dem Tresen abgestellt habe. Es gibt keine freie Gesellschaft ohne Stille, ohne einen äußeren und inneren Bereich der Einsamkeit, in dem sich die Freiheit und dein Longdrink entfalten können. Allein ausgehen ist die hohe Schule des Nachtlebens.

Ich bewege mich jetzt kaum und beobachte meine Nachbarin, eine junge Mexikanerin. Sie hat Arbeiterhände, extrem dicke Fingernägel, Nägel mit denen man Schrauben eindrehen könnte. Manchmal schauen wir uns an. Aber wir reden nicht. Im *Frank 'n Hank* fühlt sich keine Frau dazu verurteilt, glamourös oder sexy zu wirken. Sie kann den Kopf auf ihre Hände stützen, ins Nirgendwo starren, elendig wirken. Hier herrscht Schutz in der Verlorenheit.

Frank 'n Hank ist kein modischer Drinktempel aus Hollywood, der die Retro-Trinkkultur fördert. Hier herrscht die langsam aussterbende amerikanische Barkultur, die mehr auf alkoholsüchtige Dichter wie Charles Bukowski oder John O'Brien verweist als auf *Sex and the City*. Diese Bar ist ein Relikt aus einer anderen Zeit, hierhin treibt es Menschen aus Einsamkeit, Langeweile und Abhängigkeit. Der Barbesuch ist hier mit gewissen Gefahren verbunden und könnte als Vorlage für einen düsteren, intensiven Roman dienen.

Diese Gefahren nehmen mit jedem Schluck Gin and Tonic zu. Wie viel Helligkeit lasse ich in mich hinein? Welche Helligkeit erkennst du in der Schwärze deiner Seele, in den Farbtönen des Films, der durch dein Hirn läuft?

Das Licht im *Frank 'n Hank* hat jetzt gerade genug Ausstrahlung, um die Luft mit einer hässlichen Körnigkeit zu überziehen. Fünf Männer und drei Frauen starren über die Theke in meine Richtung. Die Männer haben Ähnlichkeiten mit dem Schauspieler Jeff Bridges aus *The Big Lebowski* – die Megamüßiggängerikone The Dude.

Doch niemand interessiert sich hier für Hollywood oder irgendwelche Kultfilme. Snow, die Frau hinter dem Tresen, serviert mir jetzt ungefragt meinen sechsten Gin and Tonic. Langsam spüre ich das

Endorphin-Wacholder-Feuerwerk und denke an das Kaputtsein als Karriereoption. In Versuchen mit Ratten haben Neurologen bereits in den 50er-Jahren nachgewiesen, dass die Selbstbelohnung durch Endorphine ein zentraler Punkt im Erlernen einer Abhängigkeit ist.

Ich lache kurz in mich hinein. An Rattenversuche erinnern hier auch die Werbegeschenke von *Bombay Sapphire* und *Hendrick's* Gin: Zwei Neonlampen – sehr stylish – leuchten einen Altar für Sammy Davis Jr. brutal hell aus. Es gibt hier noch weitere Lichtquellen in der Dunkelheit: gesponserte Leuchtbilder von *Budweiser* und *Dos Equis*, die das lange Flaschenregal beleuchten.

Den sechsten Gin and Tonic schlucke ich jetzt fast im Ex-und-hopp-Tempo runter. Langsam trägt mich mein Drink an abgelegene Orte. Ich muss an Charles Baudelaire denken, einer der Wegbereiter der literarischen Moderne und früher Vertreter des Cross-Drugging. Baudelaire ließ nichts aus, was der Erschaffung seiner *Künstlichen Paradiese* hätte dienlich sein können: Laudanum, Haschisch und bestimmt auch Gin, den er als Mittel, die Individualität zu steigern, feierte. Wieso denke ich gerade an Baudelaire? Brauchen Autoren Alkohol? Nein. Ich schreibe nicht weil, sondern obwohl ich gern trinke.

Snow lächelt mich jetzt endlos an. Wieso lächelt sie? Weil ich meinen Drink nicht sofort bezahlt habe. Im *Frank 'n Hank* muss sofort bezahlt werden, wie in den Saloons des alten Wilden Westens. Snow nennt sich selbst „Die vietnamesische GI-Braut". Sie ist im Sommer 1974 mit einem verstörten Soldaten in die USA geflüchtet und hatte ihn kurz darauf auch wieder verlassen. Ihr gehört heute dieses schäbig ausgeleuchtete Loch, das nach zwei Brüdern benannt ist, die den Laden Mitte der 50er-Jahre eröffneten. Seither herrscht hier ein ganz besonderes Licht, das ich jetzt nach dem sechsten Gin and Tonic als kalte, schmutzige Schönheit wahrnehme. Es ist eine Beleuchtung, wie man sie aus den großen Alkoholikerfilmen kennt: *Lost Weekend*, *Under the Vulcano* oder *Leaving Las Vegas*. Snow weiß es ganz genau: Vom Licht hängt vieles ab im Leben. In welcher Form man ist und wie man zurechtkommt. Snow pflegt das diffuse Licht in ihrer Bar. Denn alles ist eine Frage des Sehens und Nichtsehens. Bilder der Fantasie setzen sich im Inneren des menschlichen Körpers fest.

Dort entfalten sie ihre Macht. „Die fünfte Macht im Staat", rede ich jetzt laut mit mir selbst. Aber niemand hat es gehört. Ich habe mich zum Hirnbild-Gourmet verwandelt.

Mein Gin and Tonic und die rechte Verteilung von Licht in der Unterwelt des *Frank 'n Hank* kann einem den perfekten Kick geben. Und mit etwas Glück ist man dann eine himmlische Ewigkeit lang weit weg, im Dunst der Sehnsucht und der Erinnerung. Langsam tauchst du hinein in die Geschichte der Welt. Deine Welt. So vergeht die Zeit.

Snow nickt mir jetzt fragend zu: Signal für den nächsten Drink. Seit 20 Jahren bestelle ich den gleichen Drink. Ich habe es auch schon mit Gin Fizz versucht, Gimlet, Negroni, Martini. Aber ich bin doch immer wieder zum Gin and Tonic zurückgekehrt. Heute ist so etwas wie ein Jubiläumstag. Heute werde ich trinken, bis eine neue Welt auf meinem Hirnbildschirm auftaucht, ein Selbstversuch, bis zum bitteren Ende. Aber reden werde ich darüber nicht.

Frank 'n Hank ist ein gefährlicher Ort. Wer zu viel redet, gilt als verdächtig. Wenn du was zu sagen hast, sag es in kurzen, reduzierten Sätzen. Timing ist alles! Besonders wenn du deinen Drink bestellst: wie gelassen du das machst, wie stark du dabei deinen Kopf bewegst, deine Finger krümmst – alles Details, die deinen Status bestimmen.

Snow lächelt jetzt nicht mehr. Seit 20 Jahren mischt sie mir meinen Gin and Tonic. Es gibt bessere Barkeeper. Aber das ist mir egal. Snow mixt meinen Drink. Dann steht das hohe Longdrinkglas wieder vor mir.

Rechts neben mir hat sich jetzt ein Mann mit verwittertem Gesicht hingesetzt. Er heißt Chuck und gleicht ein wenig dem Schauspieler Nick Nolte. Chuck ist ein großer Gin-Trinker und ein großer Künstler. Doch sein Kunstverständnis hat sich parallel zu seinem Verständnis für verschiedene Gin-Experimente über die Jahre verändert. Er ist an einem Punkt angelangt, den schon Maler wie Ad Reinhardt am Ende der Moderne empfunden haben müssen: „Die Selbstanalyse ist zu Ende. Ich bin gereinigt. Ich sehne mich nach dem Ursprung der Malerei, der reinen Malerei." Damit meint Chuck das Konzept des immer wiederholbaren letzten Gemäldes, alles schwarz. Und genauso schwarz ist heute seine Seele, verfangen im Mythos des leidenden Künstlers, der längst in sein Gesicht eintätowiert ist: „Ich muss Schmerz fühlen, weil meine Kunst aus dem Schmerz hervorgeht."

„Der Schmerz ist nichts Schlechtes", sage ich Chuck manchmal, man muss sich nur daran gewöhnen und dann weitermachen. Aber er kann nicht mehr weitermachen.

Chuck behauptet immer, mal mit Mickey Rourke befreundet gewesen zu sein, dem legendären Schauspieler. Mickey sei oft im *Frank 'n Hank* gewesen, bevor er 2008 sein Comeback mit dem Sensationserfolg *The Wrestler* hatte und neue Freunde in Beverly Hills fand, erzählt er mir. Damals, als er noch ins *Frank 'n Hank* kam, wurde Mickey Rourke oft von heftigen Krämpfen gequält, die er mit Pillen und mehr Gin zu bekämpfen versuchte. Die Krämpfe seien wie Tierschmerzen, erklärte Mickey dann jedem, der es hören wollte. Ich stelle mir diese Tierschmerzen als große, langsame Risse in Mickeys Gedärm vor, die beinahe zu dramatisch sind, um echter Schmerz zu sein. Man kann sie bis zu einem bestimmten Punkt durchleiden und sogar amüsant finden, so wie es Ernest Hemingway oder ein Pferd vielleicht tun würden, weil sie den Schmerz als solchen gar nicht mehr wahrnehmen. In meinem Hirnfilm dreht sich Mickey Rourke zu mir und sagt unter Schmerzen diese wunderbaren Sätze: „Es ist meine Pflicht, alles zu versuchen, mich der Scheußlichkeit des Lebens zu entziehen. Man muss sich auf jede Art betäuben, die nur möglich ist. Mit Gin, mit Onanieren, mit Kino ..."

Mickey Rourke kommt nicht mehr in diese Bar. Er betäubt sich jetzt wieder mit Erfolg.

Chuck, sein alter Freund, trinkt darauf einen Gin pur. CHEERS! Ausschließlich 24 Stunden gekühlter Gin der Marke *St. George*. Das verbindet uns. Chuck schaut in solchen Momenten selten hoch vom Tresen. Er schaut meistens in sich hinein, wie die meisten Besucher dieser Bar. Was sieht er dort im Inneren, wenn der Gin langsam eindringt? Das glamouröse Selbst?

Im *Frank 'n Hank* trinken die Menschen noch aus existenziellen Gründen. Auch weil in einer immer komplizierteren Welt der einzige Gegenstand, dem man noch Sinn zusprechen könnte, die Beschäftigung mit dem Selbst ist. Das Ich. Und sie lieben ihren Gin schon seit Jahrzehnten. Genau wie ich, der Gin and Tonic wurde zu meinem Wegweiser.

Meine Barkarriere begann als 20-Jähriger im *Risiko*, Berlin-Kreuzberg 64, gleich hinter den Yorckbrücken, Gründungsort der *Einstürzenden Neubauten* und manch anderer Idee aus dem Pop-Untergrund. Ich lebte damals im gleichen Haus wie die legendäre Punk-Bar, was sich am Ende der Nacht als angenehm erwies: Tom Kummer, Yorckstraße 48, Vorderhaus, vierter Stock, links. Als das *Risiko* dicht macht, ziehe ich einfach um die Ecke, ins *Ex 'n Pop* an der Mansteinstraße. Im Herbst 1994 wird dann das *Frank 'n Hank* in Los Angeles meine neue Heimat. Stolz bin ich nicht auf meine Barkarriere. Aber jeder Mensch sollte wenigstens eine Bar kennen, wo der Barkeeper seinen persönlichen Drink auch ohne Bestellung sofort serviert – und wenn nötig ein Taxi ruft, wenn die Zeit reif ist.

Der Gin and Tonic war und ist mein Drink, mit dem ich untergehen werde. Er hat mir und vielleicht auch ganz Deutschland einige der schönsten Monologe beschert. Er hat mir von der zentralen Wahrheit des großen Glücks erzählt: einen Ort zu finden, an dem man sein will – und jemanden, mit dem man dort sein will.

Zum Beispiel mit dem Schauspieler Ryan Gosling. Ich schaue ihn jetzt kurz in meinem Hirnfilm an, als er im Spiegel über der Theke des *Frank 'n Hank* auftaucht. Er trägt heute zerrissene Jeans, ein buntes T-Shirt, Basketballschuhe – die typische Kleidung eines Hipsters der Nacht, die den Beigeschmack von keinerlei Verantwortung vermittelt, außer für sich selbst. Ich berühre seine Schulter und frage ihn, was der Unterschied zwischen Freiheit und freiem Fall sei, zwischen Dandy und Trinker. Gosling antwortet nicht sofort. Er schaut zuerst zu Snow, dann blickt er durch die Dunkelheit: „Eine zerfressene Leber!"

Stille. Ich lache in mich hinein. Keine schlechte Antwort. Vielleicht ein bisschen zu nüchtern. Also nachhaken: „Sind Gin-Trinker Dandys oder Leute, die abheben wollen?" Er schaut mich an, seine Augen, ja, seine wunderschönen Augen, die scheinen jetzt vor mir wie Flipperkugeln zu rotieren. Dann sagt Gosling: „Der Dandy hat eine glamouröse Vision, der Trinker sucht den Tod. Mehr will ich nicht dazu sagen ..."

Ich betrachte meinen siebten Gin and Tonic und Gosling, der coole Hund, taucht unter. Ich wandere 50 Jahre zurück. Einfach so. Ich sehe die Uniformierung der 50er-Jahre, als Männer um die

Zwanzig noch aussahen wie Erwachsene: Anzug, weißes Hemd, Krawatte, grauer Hut, filterlose Zigarette im Mundwinkel, der Gin in Reichweite. Ich sehe die ältere Generation von damals, sehe Jack London, Hemingway, F. Scott Fitzgerald, John O'Hara, Djuna Barnes, Jackson Pollock, Jack Kerouac, die Liste ist lang. Und ich sehe die vielen anderen aus jener Zeit, als Amerika auf einer Säuferkultur basiert und Gin die amerikanische Moderne prägt.

Unabsichtlich berühre ich den Arm meiner mexikanischen Nachbarin. Ich frage nach ihrem Namen. Sie heißt Jessie. Mehr sagt sie nicht. Pause. Stillstand. Über die Jukebox läuft plötzlich der Song *L. A. Women* von *The Doors*. Jessie ist aufgestanden und hat den Song gewählt. Vielleicht will sie mich mit good vibes versorgen. Schließlich saßen wir zwei Stunden sprachlos nebeneinander. Wir sind Partner an der Bar, und trotzdem gestattet sie mir, mich einsam auf meinen Gin zu konzentrieren. Vielleicht bin ich ihr Paravent, hinter dem sie diesen Abend mit ihrem eigenen Drink einsam genießen kann. Gin verbindet. Vielleicht habe ich mich zu Jessies menschlichem Accessoire verwandelt. Mit mir und ihrem Martini kann sie sich an der Bar besonders angenehm allein fühlen.

Ich richte meinen Oberkörper auf, parallel zu meinem schlanken Glas. Ich stecke immer noch in den 50er-Jahren fest, jene schicksalhaften Jahre, als der Gin vom Wodka verdrängt wurde. Ich sehne mich nach der Formalität und Korrektheit jener Generation, nach einem weißen Hemd, dem man förmlich ansieht, wie das heiße Bügeleisen auf die Baumwolle gepresst wurde. Der Geruch von Dampf und Bleichmittel steigt mit dem nächsten Schluck in meiner Nase hoch, das Leben erstarrt in perfekter weißer Steifheit. Besonders im Film Noir, jener großen schwarzen Phase des amerikanischen Kinos der 50er-Jahre: resignierte Erwachsene in der Falle, gefangen in Paranoia und Angst. Unfähig, Schuld von Unschuld zu unterscheiden, echte Identität von falscher. Fred MacMurray in *Double Indemnity* macht den Anfang, gefolgt von Burt Lancaster nicht nur in *The Killers*, sondern auch in *Criss Cross*, Alan Ladd in *The Blue Dahlia*, Robert Mitchum in *Out of the Past* oder Cary Grant in *North by Northwest*. Es sind Filme, die nicht länger das Leben verklären. Sie bringen Geschichten ans Licht, die von der Nacht des Menschens erzählen. Und vom Alkohol, der das Herzblut füttert. Es sind erwachsene Geschichten mit erwachsenen Helden, die weiße Taschentücher tragen und womöglich auch einen Revolver. Manchmal möchte ich das Erwachsensein erleben wie damals.

Ich berühre meinen achten Drink. Es ist immer wieder ein gutes Gefühl: die prickelnde Kälte, ein High im vorderen Stirnbereich. Langsam erreiche ich einen Grad des Deliriums, wo Körper und Seele nicht mehr recht zusammenhalten. Die Wahrnehmung kommt in diesem Zustand ohne Sprache aus. Ich sehe Nicolas Cage im Film *Leaving Las Vegas*, wie er sich eine Flasche Tequila ins Gesicht leert und dann noch eine Flasche Gin, und wie alles aussieht, als ob er sich taufen würde.

Für meine Seele ist kein Platz mehr im Körper, sie hockt sich neben mich und unterhält sich mit mir. Alle elenden Geräusche der Welt wollen für einen Augenblick in mir klagen und mich gleichzeitig glücklich machen. So dachten vielleicht auch schon Frank Sinatra und Dean Martin. Ihr Glück löste sich in einer nie enden wollenden Spirale auf, die nur der Gin unter Kontrolle halten konnte.

Imstande zu sein, diese Sorte Glück zu ertragen, ist nicht das Leichteste.

In solchen Momenten musst du deiner Umgebung vertrauen können. Also starre ich jetzt einfach weiter geradeaus, lächle Richtung Snow, berühre unbeabsichtigt die Hand von Jessie. Sie sitzt da, mit ihren dicken Fingernägeln, bewegungslos. Langsam strömen die Hipster der Nacht in die Bar. Die Zeit der Nachmittagstrinker verebbt jetzt in der Soundkulisse von *Red Hot Chili Peppers*, *Queens of the Stone Age* und *Grizzly Bear*.

Der neunte Gin and Tonic glänzt vor mir. Ich sehe jetzt alles, fühle alles, mit einer Ahnung der Ewigkeit wie die Matrosen. Durch den schäbigen Glanz erkenne ich den Maler Francis Bacon, und ich muss mich mit seiner Behauptung auseinandersetzen, dass man immer betrunken sein sollte. Immer. Betrunken von Gin, betrunken von Poesie, betrunken von Kraft, was auch immer sich gerade anbietet. Betrunken soll man sein Leben führen. Und dann höre ich doch wieder den jungen Hollywood-Schönen Ryan Gosling, der klarstellen möchte, dass sich ein Künstler ein Übermaß an Alkohol heute nicht mehr leisten kann. Er stirbt zu früh. Und wer investiert schon gerne in einen Todeskandidaten. Er hält das Spiel mit Alkohol als Mittel zur Stimulierung der eigenen Arbeit für sehr gefährlich. Das Zeitalter der Uppers sei vorbei. Ein neuer Existenzialismus sei im Kommen. „Der Gin feiert ein grandioses Revival", schreibt die „Los Angeles Times". Aber was heißt das? Wieso schreibt niemand, dass die Liebe doch die einzige ernsthafte Zielsetzung in einem unmöglichen Universum ist?

Drink Nummer zehn. Eine junge Frau stellt sich an den Tresen. Sie gleicht der Schauspielerin Scarlett Johansson und starrt jetzt wunderbar traurig Richtung Boden. Dann auf ihren Gin Fizz, als ob auch sie von ihrem Glas Antworten erwartet. Antworten, die sie im Himmel nicht mehr finden kann. Vielleicht diese Anwort: Es gibt eine Sache, die Tod heißt, und wir alle haben sie schon einmal gesehen. Sie beendet ein Leben. Sie macht Schluss mit einem individuellen lebenden Wesen. Das Konzept des Todes ist wirklich einfach: Er tritt in jenem Augenblick ein, in dem ein lebendes Wesen nicht mehr erfahren oder erleben kann. Der Tod ist hart und eindeutig. Wer ihn erlebt hat, wird erwachsen.

Dann verschwindet Scarlett Johansson hinter einem großen, kräftigen Mann. Ich schaue nicht mehr hin. Sie spielen jetzt beide Billard. Ich spüre den angenehmen Stillstand. Lange passiert nichts. Ich starre einfach auf das Flaschenregal hinter der Theke. Bis Jessie, mein Paravent der Nacht, plötzlich ihre Wimpern auswechselt: neue Augen, neuer Blick, neue Sicht auf die Dinge.

Vielleicht hat es etwas mit dem Mann zu tun, der hinter ihr steht. Es ist ein junger Koreaner. Sein Hemd zeigt Blutspuren am Revers. Es ist ein Hemd mit Umschlagmanschette, kombiniert mit einem klassischen schwarzen Anzug, Krawatte, Siegelring am Mittelfinger. Sein Look lässt so eine Art selbstzerstörerische, paranoide Tendenz aufleuchten. Es ist ein besonderer Look, der den Koreaner attraktiv macht. Früher schrieb ich mal für die „Vogue" über den Heroin-Chic der Fotomodels, die sich vor den Kameras von Starfotografen wie Ellen von Unwerth existenzialistisch und selbstzerstörerisch gaben. Schon eine Ewigkeit her. Dieser Koreaner ist auf einem anderen Trip. Vielleicht ist es so etwas wie Gin-Chic, ein Look, den man nicht mehr ständig überprüfen muss, ein Look, den man nicht kaufen kann, ein Look, der einfach plötzlich im Gesicht klebt, weil man vielleicht das kleine Sterben im

Leben immer wieder zyklisch erfahren – oder vielleicht sogar das Töten zum Beruf gemacht hat. Alain Delon spielt so einen Typ in *Der eiskalte Engel* oder Ryan Gosling in *Drive*. Vielleicht ist der Koreaner ein Killer. Er bestellt jetzt seinen Drink. Snow weiß sofort, was er will: 6 cl Gin, 1 cl Portwein, Salbeiblatt, Schuss *Orange Flower Water*. Alles auf Eis schütteln und durch ein feines Sieb in ein Cocktailglas gießen. Der Koreaner zieht seine Sonnenbrille vom Gesicht, streicht sich mit einem weißen Taschentuch über die Stirn, tupft Schweiß und Tränen aus dem Gesicht, in dem sich verzweifelter Zorn und Trauer vermischt haben. Das Böse in seinem Gesicht ist anziehend, sympathisch, auch schwach, und verstört. Wie der junge Burt Lancaster. Die Umwelt ist düster und verschlossen. Am Ende seines Drinks wird er das Böse vielleicht aufdecken, aber das Überleben des Guten und Lieben bleibt trotzdem unklar und zwiespältig.

Ich blicke noch ein bisschen tiefer in mein Glas. Der Gin and Tonic bietet Problemlösungen an, Realitycheck auf abgehobener Ebene: Erleuchtung! Und trotzdem dieses gnadenlose Gefühl, in einer Falle zu sitzen. Ich hole nochmals ganz tief Luft: Drink Nummer elf. Mein Hemd und die breiten Hosenträger heben an, bis ich merke, dass meine Lungen bereits voll sind. Nachdem ich zwei, drei kräftige Züge flüssige Kälte in mich hineingesaugt habe, atme ich wieder aus, und die ganze Bar scheint für kurze Zeit von ihrer Spannung befreit. War die Kälte vor der Wärme da? War die Liebe vor dem Gin da? Ich atme ein bisschen schneller, hastiger, nervöser. Vielleicht sehe ich jetzt aus, als ob ich plötzlich den eigenen Atem verabscheue. Tunnelblick! Ich sehe rasende Bilder, innere Bilder. Und mein ganz privates Bild: Mein Hemd hängt vorn aus der Hose, ich reiße mir die oberen Knöpfe auf. Ich bin jetzt ganz unten angekommen. Und das tut gut. Ich kenne diese Lebensqualität, in der man immer tiefer in den Schmutz vordringt und dabei immer mehr an Hochmut gewinnt.

Ich habe diese Rolle schon oft gespielt oder ersehnt: dieses kaputte, ausweglose, todessüchtige Gesicht, das wie ein letzter radikaler Anschlag auf den Mythos aller jungen Sieger aus Hollywood erscheint. Das Konzept ist ganz einfach: Ich werde mit meinem Drink in immer tiefere Abgründe vorstoßen, immer tiefer in der Erhellung versinken, bis zu einem Endpunkt, den ich noch nicht kenne, der jedoch von Ästhetik und Moral bestimmt sein wird.

Ich rutsche erschöpft von meinem Barhocker. Ich lächle Snow ein letztes Mal an. Schmerz ist wirklich nichts Schlechtes! Perverse Erwachsenenwelt on the rocks: mein weißes Hemd und mein allerletzter Gin and Tonic. Letzteren lasse ich halbvoll stehen. Alles verwandelt sich jetzt zum grandiosen Symbol der Menschheit. Ich habe meinem äußeren Sinn Feinheit und Klasse verliehen, auch wenn ich gleichzeitig zu den Untersten der Unteren gehöre. Man legt es im weißen Hemd ebenso wie mit einem Gin and Tonic auch aufs Sterben an. Und wird mit Unsterblichkeit belohnt.

Ich gehe nach draußen. Jessie begleitet mich, ihre Arme halten mich fest, ich spüre ihre scharfen, dicken Fingernägel auf meiner Schulter. Ich stecke eine Zigarette an. Ich nehme meine Zigarette unter die Lupe, als sei etwas nicht mit ihr in Ordnung. Ich werfe sie weg. Ein Taxi fährt vor. Snow hat es mir gerufen. Ich küsse Jessie. Der Fahrer öffnet die Limousinentür. Das ist alles.

Der Autor

Tom Kummer, Jahrgang 1963, lebt als freier Autor in L. A. Im Jahre 2000 löste er in Deutschland einen Medienskandal aus, weil er Interviews erfunden hatte. Er hat sich schon immer am liebsten zwischen Fiktion und Realität bewegt: Für das Magazin „Tempo" ließ er sich einst in einen Keller sperren, um Isolationshaft zu simulieren. Der Chefredakteur lobte: „Er weiß, wie man Authentizität suggeriert." Heute arbeitet er regelmäßig für die Schweizer Wochenzeitschrift „Die Weltwoche".

ST. GEORGE TERROIR

Waldmeisterlich

Der *Terroir* ist einer von drei Gins, den die Destille St. George brennt. Sein Aroma soll die Schönheit Kaliforniens preisgeben. Nicht die der Küste, nein, die der Wälder. Also wartet der *Terroir* mit einem ungewöhnlichen Tannen-aroma auf. Die Destille wurde 1982 vom Deutschen Jörg Rupf gegründet.

GIN LIEBT TONIC

Ob er der meistgetrunkene Longdrink weltweit ist? Keine Ahnung! Unser Lieblingsdrink ist er auf jeden Fall. Doch der Gin and Tonic hat seine Tücken. Eine Experimentieranleitung.

Beginnen wir mit der schlechten Nachricht: Ein allgemeingültiges Rezept für einen Gin and Tonic gibt es nicht. Genauso wenig, wie es den perfekten Gin and Tonic gibt. Der Longdrink – Spitzname G&T oder Gin Tonic – ist der Star an der Bar. Doch jeder Fan mag an seinem Helden etwas anderes besonders gern. Mal ist er im Verhältnis 1 : 1 gemischt, mal besteht er zu einem Viertel aus Gin und drei Vierteln aus Tonic Water. Wenn Sie Ihren Lieblings-G&T finden wollen, hilft nur eins: experimentieren.

DIE BAUTEILE

Eis – je eisiger desto besser
Gin – nach Belieben gewählt
Zitronen- oder Limettenscheibe – was Ihnen besser schmeckt (manche Gins bitten gar um noch speziellere Beigaben wie Gurke oder Apfel)
Tonic Water – häufig der unterschätzteste Bestandteil. Doch das richtige Tonic Wasser kann den Drink perfektionieren. Also: testen, testen, testen.

DIE TONICS

SCHWEPPES
Die Mutter der Tonic Water. Der Schweizer Johann Jacob Schweppe hat 1780 als Erster Wasser mit Kohlensäure versetzt. Einige Jahre später, nachdem er nach Großbritannien ausgewandert war, hatte er eine neue Idee: Briten, die in tropischen Kolonien wohnten, mussten zur Malariaprophylaxe Chinin

einnehmen. Damit es besser schmeckte, löste er es mit etwas Zitrone in Mineralwasser auf. Und weil die Briten damals gern Gin tranken, gossen sie ihn auch noch dazu: Der Gin and Tonic war geboren.

FEVER TREE

Welch treffender Name! Für den bitteren Geschmack von Tonics sorgt der Wirkstoff Chinin, der aus dem Chinarindenbaum gewonnen wird, englisch: Fever Tree. Zu komplexen Gins trinken, das elegante feinperlige Fever Tree lässt ihnen Raum.

THOMAS HENRY

Hoher Chinin-Anteil, dadurch schmeckt das Thomas Henry Tonic Water recht intensiv. Perfekter Begleiter zu starken Gins, leichte können im Zusammenspiel schnell untergehen.

FENTIMANS

Starke Zitronennote, doch das Fentimans Tonic Water dominieren vor allem Kräuterauszüge. Sie geben ihm eine leichte Schärfe. Das Tonic ist fruchtig und nicht besonders süß.

1724

Dieses Tonic heißt, wie es heißt, weil die Chinarinde in Peru in 1724 Meter Höhe geerntet wird. Poetisch, wie das Tonic selbst: Es ist mild und feinfruchtig (und auch pur ein Genuss).

MONACO

Herbes Tonic, Basis ist das Mineralwasser Aqua Monaco. Deshalb hat dieses Tonic besonders viel Kohlensäure. Erfrischend.

EIN REZEPTVORSCHLAG

5 cl Gin
Tonic Water nach Belieben
Twist einer Zitrone oder einer Limette
Eis

Glas bis zum Rand mit sehr kalten Eiswürfeln füllen (wichtig, da der Drink sonst zu schnell verwässert). Gin eingießen, mit Tonic Water auffüllen und mit der Zitrone garnieren.

JIM TRINKT GIN

VON ARNE RAUTENBERG

Der Autor

Arne Rautenberg, geboren 1967, schreibt für sein Leben gern Gedichte; bisweilen trinkt er dabei ein Tonic Water mit Gin-Zusatz.

jim trinkt gin
die uhr schlägt
bim

jim trinkt gin
und als die uhr
bim bim

schlägt
sind in jims gin
sterne drin

zwei sterne
schwimmen
in jims gin

ein stern
sagt jim:
ich bin

zwei sterne
sagen jim: ich bin
ich bin

(und zwar
in einem doppelten
sinn)

FLIRT DER MOLEKÜLE

VON DR. CHRISTIAN HEINRICH

Alkohol kann glücklich machen. Und übermütig. Oder auch traurig. Aber warum kann er das? Was im Körper passiert, wenn ein junger Mann einen Abend lang Gin Fizz trinkt und dabei auf eine schöne Frau trifft …

Diese Frau ist eine Nummer zu groß für ihn. Das ist der zweite Gedanke von Lars, als sie die Dachterrasse betritt. Der erste: Wow! Offene, lange braune Haare, die verspielt auf ihren Schultern wippen, große Augen, laszives Lächeln, ein weißes Abendkleid, oben so eng, dass die Form ihrer kleinen, festen Brüste das Kopfkino in Gang setzt, unten so durchsichtig, dass der Film den Vorspann überspringt. Lars seufzt. Immerhin kann er den Anblick noch einige Zeit genießen. Die Cocktailparty an diesem lauen Sommerabend auf einer Dachterrasse in Berlin hat gerade erst begonnen. Lars leert sein erstes Glas Gin Fizz (sein Lieblingsdrink) und geht zur Bar, um ein zweites zu holen.

Die Gin Fizz-Mischung rinnt die Speiseröhre hinunter, durchquert den Magen und gelangt in den Dünndarm. Etwa ein Fünftel des Alkohols geht über die Magenschleimhaut ins Blut, der Großteil der restlichen vier Fünftel wird im Dünndarm absorbiert. Wer gerade etwas gegessen hat, nimmt den Alkohol langsamer auf – die Fettsäuren binden den Alkohol. Aus dem Blut heraus kann der Alkohol im Grunde in jede Körperzelle eindringen. Vor allem die Leberzellen nehmen den

Alkohol auf, weil dort Enzyme sitzen, die den Alkohol abbauen. Dafür brauchen sie jedoch Zeit: Die Leber kann nicht mehr als etwa einen Drink pro Stunde verarbeiten. Weil Muskelzellen besonders viel Flüssigkeit speichern, können Männer (sie haben einen höheren Muskelanteil als Frauen) zunächst mehr vertragen. Es dauert bei ihnen länger, bis der Alkohol dorthin gelangt, wo er hauptsächlich wirkt: ins Gehirn. Die ersten Alkoholmoleküle treffen hier schon zwei Minuten nach dem Trinken ein. Dort sorgen sie zunächst dafür, dass mehr Glücksbotenstoffe ausgeschüttet werden, besonders Dopamin, Endorphin und Serotonin. Die Welt erscheint noch ansehnlicher, als sie ohnehin schon ist. Und voller Möglichkeiten.

Die Schöne wartet offenbar auf jemanden, sie steht am Geländer und betrachtet die Stadt. Allein. Wenn er sie ansprechen wollte, wäre dies der ideale Moment. Lars hat Lust, und er glaubt auch nicht mehr, dass sie eine Nummer zu groß ist. Er kennt sie ja nicht einmal. Andererseits ist genau das das Problem. Er stellt sein leeres Glas auf einen kleinen Stehtisch, holt sich seinen dritten Gin Fizz, atmet tief ein, drückt das Kreuz durch und stellt sich schon einmal vor, wie er betont lässig auf sie zuschlendern wird.

Je nach Menge des getrunkenen Alkohols werden verschiedene Gehirnregionen beeinflusst. Am Anfang wirkt der Gin vor allem auf die Großhirnrinde. Die Alkoholmoleküle blockieren die Zellen, die mit den Botenstoffen Glutamat und GABA zusammenhängen. Der Effekt: Es kommt zu einer Minderung der Aktivität im Gehirn. Erst einmal führt der Alkohol daher zu mehr Mut: Die Glückshormone machen tatkräftiger, und die größere Trägheit der Großhirnrinde verhindert, dass man die Folgen seiner Taten genau durchspielt.

Sie steht immer noch allein an der Brüstung, eine Blume vor dem Himmel Berlins, die er nur noch pflücken muss. Jetzt. Aber was soll er sagen? Schön, wie der Alex da vorn in der Dämmerung leuchtet? Ist das nicht affig? Oder sich einfach vorstellen? Das haben sicher schon viele versucht. Wahrscheinlich würde sie ihn einfach ignorieren. Und wie stünde er dann da? Wie ein Trottel. Er trinkt seinen Gin Fizz zügig leer.

Steigt der Alkoholspiegel im Gehirn weiter an, wirkt er stärker auf das Kleinhirn. Das Kleinhirn ist für die Verarbeitung von Sinnesreizen und die Koordination von Bewegungen verantwortlich. Der Alkohol dimmt die Leistung des Kleinhirns etwas herunter, die Folgen sind Sehstörungen, man sieht alles etwas abgehackter. Außerdem fallen das Gehen und die Koordination der Bewegungen nicht mehr ganz so leicht. Das Großhirn schaltet derweil weiter auf Enthemmung, es beobachtet das eigene Verhalten nicht mehr allzu genau, die Selbstkontrolle sinkt. Man wird redseliger und risikofreudiger – und weniger zurückhaltend.

Leicht schwankend nähert sich Lars der Brüstung und stellt sich neben die Unbekannte. „Eben konnte ich noch jedes einzelne Fenster da drüben erkennen. Jetzt sehe ich in jedem Haus nur noch ein Licht neben dem anderen. In der Dunkelheit rückt Berlin zusammen", sagt er. Sie sieht ihn an und lächelt. Er drückt ihr einen der beiden Gin Fizz in die Hand, die er mitgebracht hat. Als sie ihn entgegennimmt, streifen sich ihre Finger. „Ich bin Nanette", sagt sie.

Nach einigen Gins hat das impulsive Verhalten die Oberhand: Man denkt kaum noch über das nach, was man sagt und tut. Natürlich baut der Körper weiter Alkohol ab. Die Niere verarbeitet etwa fünf Prozent in Urin, die Lungen atmen fünf Prozent wieder aus, daher auch die „Fahne", die man oft bei anderen riecht. Den Rest aber baut die Leber ab – und die kann eben nicht schneller. Der Alkohol wirkt weiter: Er fördert den Harndrang und macht müde. Aber das spielt in unserem Fall zum Glück gerade noch keine Rolle.

Der Autor

Christian Heinrich hat nach seinem Medizinstudium die Deutsche Journalistenschule in München besucht und arbeitet als freier Autor in Hamburg. Gin hat er zum ersten Mal in Südafrika getrunken, als Gin and Tonic. Seitdem ist es neben dem Weizen eines seiner Lieblingsgetränke am Abend.

Sie reden jetzt seit einer halben Stunde. Nicht immer kann Lars sich auf alles konzentrieren, aber das macht er wett durch seine überschwängliche Art und seine Geschichten. Nanette – war das ihr Name? – scheint sich gut mit ihm zu unterhalten. „Eigentlich bin ich mit einer Freundin verabredet, aber sie ist mal wieder zu spät", sagt Nanette. „Ein Glück für mich", antwortet Lars. Sie zieht die Augenbrauen hoch und sieht ihn an. Lars denkt nicht lange nach und küsst sie.

Alkohol führt im Gehirn nicht nur zu Selbstüberschätzung, sondern, genossen in größeren Mengen, auch zu Fehlinterpretationen der Umgebung: Man sieht Dinge, die man sehen möchte, bewusst oder unbewusst. Die Euphorie schlägt dann manchmal in Verwirrung um.

Als seine Lippen ihre berühren, reagiert sie erst einmal nicht darauf, ihre Lippen werden etwas fester, ihr Mund bleibt geschlossen. Sie lächelt, glaubt Lars. Und macht weiter. Nur kurz drückt ihre Hand gegen seine Schulter – dann zieht sie ihn zu sich. Ihre Lippen werden weich, ihr Mund öffnet sich.

In kleinen Mengen bewirkt Alkohol das, wofür er so beliebt ist: Er enthemmt. Aber das ist trügerisch, denn es hat einen Preis: Der Alkohol senkt auch unsere Leistungsfähigkeit, wie Nanette und Lars vielleicht später am Abend noch feststellen werden ... In großen Mengen reizt Alkohol den Magen und führt dazu, dass mehr Magensäure ausgeschüttet wird und man sich übergeben muss. In höheren Dosen kann Alkohol auch tödlich sein. Bei häufigem Genuss in großen Mengen richtet er Schäden an, die nur zum Teil wieder rückgängig zu machen sind: Entzündungen in Mundraum und Magen werden wahrscheinlicher, die Leber wird geschädigt. Und, wenn auch nur in einem geringen Maße: Die Entstehung von Krebs wird begünstigt. Ebenfalls unumkehrbar.

CAP ROCK

Verführerisch

Läuft's nicht so mit dem Flirt? Sie brauchen ein neues Gesprächsthema! Erzählen Sie doch von Ihrem neuen Lieblingsgin: „Wird in Colorado gebrannt, aus Äpfeln! Alles biologisch, und er schmeckt so herrlich fruchtig-floral ..." Na, angebissen?

Gin Fizz

4,5 cl Gin
3 cl frischer Limettensaft
1 cl Zuckersirup
8 cl Mineralwasser (mit Kohlensäure)

Alle Zutaten (bis auf das Mineralwasser) auf Eis shaken, in einen Tumbler gießen, mit Mineralwasser auffüllen und mit einer Limettenscheibe garnieren.

KEIN GIN IST AUCH KEINE LÖSUNG

VON TOBIAS PÜTZER

Große Veränderungen brauchen Mut. Manchmal hilft Alkohol beim Mutigsein, manchmal ist er der Grund dafür. Bei Daniel Schönecker und Maximilian Schauerte traf beides zu, und es waren auf jeden Fall ein paar Gin and Tonic im Spiel in dieser Nacht, als sie beschlossen, ihr Leben auf den Kopf zu stellen.

Ihre Lieblingsdrinks schmeckten irgendwie fad. So langweilig wie dieser angebrochene Abend im Münchner Glockenbachviertel, so reizlos wie ihr Berufsleben. Sie hatten gemeinsam Geschichte studiert, Maximilian Schauerte arbeitete nun bei einem Pharmakonzern, Daniel Schönecker bei einem Fernsehsender. Doch irgendwie fühlte sich das alles nicht richtig an. Und als der Gin langsam ihren Verstand einnebelte, hier am Tresen der Münchner Bar *Konsulat* kurz nach Mitternacht, sprachen sie von der Zeit, als sie noch zusammen in einer WG wohnten. Mit einer selbst gebauten Destille brannten sie damals auf dem Küchentisch Obstler und Gewürzweinbrände – und waren die Attraktion jeder Party. Sie erinnerten sich an das erhabene Gefühl, etwas mit den eigenen Händen zu erschaffen, und an das Glück, das sie jedes Mal spürten, wenn ein neuer

Geist durch ihre Kehle floss. Gute Zeiten. „Warum machen wir das eigentlich nicht mehr?", fragten sie sich. „Und warum machen wir es nicht wieder – und diesmal richtig?" Eine eigene Destillerie gründen, tun, was ihnen Spaß macht, nicht als Hobby, sondern als Lebensaufgabe.

Am nächsten Morgen dröhnten ihre Schädel. Nicht wegen des Alkohols, nein, wegen dieser Schnapsidee, die sich in ihren Köpfen eingenistet hatte. 28 Jahre waren die beiden damals alt, 2007.

Wenn Schönecker und Schauerte heute durch das Münchner Nachtleben ziehen, stehen die Chancen gut, dass sie den Duke treffen. Ihren *The Duke*. Der erste Gin, der in München gebrannt wird und heute in fast jeder gut ausgestatteten Cocktailbar der Stadt in den Regalen steht. Und nicht nur dort. Auch bei *Käfer*, dem *KaDeWe* in Berlin oder bei *Manufactum* setzt man auf den Gin aus Bayern, der in den Startlöchern steht, eine international anerkannte Marke zu werden. In Spanien, Österreich und der Schweiz ist er schon präsent, das europäische Restland und auch die USA sollen folgen. Allerdings ganz behutsam. „Wenn du klein wächst, machst du auch nur kleine Fehler", sagt Schauerte. „Und die hauen dich dann nicht gleich um." Eine Philosophie, mit der die beiden Dukes immer goldrichtig lagen.

Als sie 2007 ihre Jobs kündigten und beschlossen, eine Mikrobrauerei zu gründen, hatten sie natürlich die Warnungen und Zweifel von Freunden und Familie im Kopf: Jetzt bloß nicht zu schnell starten und dann alles gegen die Wand fahren! Sich auf das besinnen, was erfolgreiche Produkte ausmacht: Qualität! Wenn wir schon einen Gin brennen, sagten sie sich, dann muss er herausragen, im Geschmack, im Auftreten, mit seiner Geschichte. Ein Geist, den man nicht nur trinkt, um betrunken zu werden, sondern um zu genießen.

Über anderthalb Jahre nahmen sich Schauerte und Schönecker Zeit, holten die erforderlichen Genehmigungen ein, kratzten ihr ganzes Geld – am Ende einen hohen fünfstelligen Betrag – zusammen, ließen sich eine Brennanlage von einem Kesselbauer maßanfertigen und suchten nach den hochwertigsten Zutaten für ihren Gin. Doch in den ersten Monaten war nicht wirklich alles vorzeigbar, was die beiden aus ihrem neuen mannshohen 150-Liter-Kupferkessel herausholten. „Was ist denn nun mit eurem tollen Gin?", fragten irgendwann Freunde und befreundete Barmänner, von denen viele die Idee, einen Gin aus Deutschland erfolgreich auf den Markt zu bringen, für ziemlich bescheuert hielten. „Nach einiger Zeit traute ich mich in keine Bar mehr", erinnert sich Schauerte und lacht.

Erst mithilfe eines professionellen Destillateurmeisters konnten sie die Rezeptur des *The Duke* perfektionieren. „Dabei wurde schnell deutlich, dass Zutaten aus rein biologischem Anbau die besten Ergebnisse liefern", erinnert sich Schauerte. Es war daher eher ein logischer Schritt als Kalkül oder Ideologie, dass *The Duke* als erster Gin ein Biosiegel bekam. Die Wacholderbeeren stammen aus Italien und Kroatien, der Koriander aus Spanien. Lavendel, Zimt, Zitronenschale und Orangenblüten geben dem Gin eine filigrane Note. Für den prickelnden Abgang sorgen Kubebenpfeffer und Ingwerwurzel aus dem fernen Indonesien. Abgerundet wird die Mischung aus insgesamt 13 Zutaten von bayerischem Hopfen und Malz – nicht nur ein Tribut an die Herkunft des *Duke*: „Das Malz macht unseren Gin weich und sorgt dafür, dass er nicht sprittig schmeckt", sagt Schauerte. Wichtig bei 45 Umdrehungen.

„Uns war von Anfang an klar, dass wir nur eine Chance haben, wenn wir zu einem hochqualitativen Produkt die passende Story liefern", sagt Schönecker. In der *Duke*-Geschichte spielt der Regionalismus die Hauptrolle. „Regionalen Produkten haftete früher das Label der Provinzialität an", ergänzt er, „heute sind sie cool." So war es ihm und Maximilian Schauerte ganz wichtig, in der Innenstadt zu produzieren und nicht irgendwo in einem Gewerbegebiet bei Ottobrunn. Den perfekten Platz fanden sie schließlich im Münchner Stadtteil Maxvorstadt, in der Nähe der Pinakothek und gleich neben dem Chinarestaurant *Man Fat*. In dem kleinen Hinterhof füllen sie auf rund 300 Quadratmetern auch heute noch ihren Gin ab. Das Etikett der Flaschen zitiert das Bayerische Wappen, darunter finden sich die Zusätze „Handcrafted in Bavaria" und „Munich Dry". Und auch der Name *The Duke*, obwohl Englisch, ist eine Reminiszenz an ihre Heimat, bezieht er sich doch auf Herzog (englisch Duke) Heinrich den Löwen, den Gründer Münchens.

Dann kamen die ersten Verköstigungen in der Münchner Barszene – und Bewunderung und Respekt. Schnell sprach sich der gute Geschmack des *Duke* herum und die ersten Bestellungen wurden geschrieben. Schönecker und Schauerte waren auf einmal in ihrem neuen Berufsleben angekommen. Zutaten bestellen, Qualität prüfen, destillieren, abfüllen, wiegen, Kartons falten, Kisten schleppen, Ware ausliefern, neue Kunden akquirieren. Ein Fulltime-Job. An Freizeit oder gar Urlaub war nicht zu denken. Die beiden machten alles allein. Selbst die Etiketten klebten sie per Hand auf die Flaschen und stellten höchstens stundenweise studentische Hilfskräfte ein. „Zum Glück hat mein Vater etwas zur Wohnungsmiete dazugeschossen, sonst wäre es eng geworden", sagt Schauerte.

So ging das etwa zweieinhalb Jahre. Der *Duke* etablierte sich schleichend, und Schönecker und Schauerte spürten, dass sie auf dem richtigen Weg waren. Ihr *Duke* hatte das Zeug, ein Klassiker unter den Gins zu werden. Die Frage war nur: Wie?

Sie realisierten, dass die Marke *Duke* zwar immer präsenter wurde, sie selbst darauf aber kaum noch Einfluss hatten. Sie hatten schlicht zu viel mit der täglichen Produktion zu tun. „Die Menschen hinter einem Produkt sind aber genauso wichtig wie das Produkt selbst", sagt Schauerte. „Persönlichkeit ist zwingend notwendig, um sich gegen die Großen der Branche durchzusetzen." Um den nächsten Schritt zu tun, um weiter zu wachsen, mussten sie ihre Strategie ändern. Sie mussten raus.

„Hätten wir zu der Zeit mehr Geld gehabt", sagt Schönecker, „hätten wir wahrscheinlich mehr versenkt." Aber das Budget war knapp, deshalb besannen sie sich auf das, was sie bisher stetig nach vorn gebracht hatte: langsam, organisch wachsen. Schauerte und Schönecker beschlossen, ein paar Mitarbeiter einzustellen, das Qualitätsmanagement abzugeben und eine Etikettiermaschine zu kaufen. Und sie konzentrierten sich auf den Vertrieb: Mit ein paar Flaschen unterm Arm zogen sie von nun an jede Woche los. „Kommunikation ist das A und O", erklärt Schauerte. Du musst netzwerken, Präsenz zeigen, auf Messen gehen, Lärm machen, Sichtbarkeit erzeugen." Morgens klapperten die beiden Feinkostläden und Supermärkte ab, abends zogen sie wieder durch die Bars. Nicht um zu trinken, sondern um ihren *Duke* über Bayern hinaus bekannter zu machen. Zusammen mit Barkeepern entwickelten sie deshalb zum Beispiel spezielle *Duke*-Cocktails wie den *The Duke & The Bunny* und organisierten Verköstigungen für das Barpersonal. „Es bringt ja nichts, wenn dein

„Als ich von den schlimmen Folgen des Trinkens las, gab ich sofort das Lesen auf."
HENRY YOUNGMAN

Gin mit Persönlichkeit: Trinksprüche wie diesen findet man auf jeder Flasche *The Duke*.

Gin nur in den Regalen steht", sagt Schönecker, „die Barkeeper müssen den Drink kommunizieren – und nutzen."

Das tun immer mehr: Die Verkaufszahlen des *The Duke* steigen stetig. Rund 5000 Flaschen verlassen heute jeden Monat die kleine Destillerie in der Barer Straße 53. Parallel produzieren die Dukes mittlerweile noch den Wodka *Lion's* und einen Ingwerlikör. „Eine riesige Firma sind wir deshalb aber nicht", stellt Schönecker klar, „wir sind noch ganz klein und stehen erst am Anfang." Zwar haben längst erste Investoren ihr Interesse gezeigt, bei den Dukes einzusteigen, aber die beiden haben andere Pläne. Sie wollen in Zukunft lieber ihre Angestellten am Gewinn beteiligen, jeden Tag erleben, wie ihr Produkt entsteht, und keiner Rendite hinterherjagen.

Von teuren Sportwagen, Loftwohnungen oder nur etwas mehr Freizeit können Schönecker und Schauerte deshalb nur träumen. „Aber das Schöne ist ja, in einer Aufgabe, hinter der man mit ganzer Leidenschaft steht, voll aufzugehen", sagt Schauerte. „Wir haben einen Job, der sich nicht wie Arbeit anfühlt – das ist doch mehr wert als teurer Schnickschnack."

So ist die Geschichte der beiden Dukes nicht nur die Geschichte einer erfolgreichen Markeneinführung. Es ist auch die Story von zwei Jungs, die den Mut hatten, alles loszulassen, um zu beweisen, dass Gin glücklich macht.

Der Autor

Tobias Pützer, geboren 1973, arbeitet als freier Autor in München. Seine Karriere begann er als Partyreporter für das Stadtmagazin „Prinz" in Hamburg. Damals gehörte ein kleiner Rausch also praktisch zum Arbeitsalltag. Das ist heute nicht mehr so. Trotzdem denkt er: Der beste Weg, eine kurzfristige Schreibblockade zu lösen, ist immer noch ein eiskalter Gin and Tonic mit einem Stück Gurke darin.

THE DUKE

Bayerisch

Den handgemachten Gin aus Bayern zu trinken ist ein Erlebnis: Zuerst kommen Wacholder und eine leicht süßliche Note angerauscht, sie verweilen ein bisschen auf der Zunge, machen dann jedoch Platz für feine Zitrusnoten, Hopfen, Malz und eine leichte Schärfe.

The Duke & The Bunny

The Duke's Signature Drink von Dietmar Petri, Barmann im Münchner *Reichenbach*

4 cl *The Duke* Gin
2 cl *Little Blanc*, Vermouth
2 cl Zuckersirup
2 cl frisch gepresster Limettensaft
4 dünne Scheiben Karotte

Die dünnen Karottenscheiben mit den anderen Zutaten und einigen Eiswürfeln in den Shaker geben, kräftig shaken und durch ein feines Sieb in ein vorgekühltes Martiniglas abseihen.

WELCOME TO LONDON!

Der Gin, den wir heute trinken, wurde in London geboren. Und dort feiert er jetzt auch sein Comeback. Grund genug für zwei Freundinnen, einen Flug zu buchen und einen Tag lang durch die Stadt zu ziehen. Mit Durst und Gin-historischem Reiseführer.

LONDON. Na, toll! Aus den Poren meiner Turnschuhe quillt Wasser. Und Wollkleid und Strumpfhose sind auch nicht die richtige Arbeitskleidung für diesen Tag. Ich gucke sie an. Sie muss auf ihrer Seite des Bürgersteigs besseres Wetter gehabt haben. Ihre Schuhe sehen aus wie frisch poliert, die Frisur sitzt. Immerhin scheint jetzt Vormittagssonne auf das blaue Garagentor vor uns. Die kleine Tür darin öffnet sich, und Fairfax Hall streckt seine Hand aus: „Welcome to London!"

HAMMERSMITH, SIPSMITH. Die Destille – die erste, die seit 200 Jahren in London gegründet wurde – ist Station Nummer eins auf unserer Gin-Tour durch Englands Hauptstadt. Im Mai 2009 haben Hall und sein Geschäftspartner Sam Galsworthy hier die erste Flasche ihres eigenen London Dry Gin abgefüllt. Hall räumt einen Stuhl zur Seite, es ist eng in dem kleinen Raum: Vor der Rückwand macht sich der kupferne Destillierapparat breit mal hoch, davor drängeln sich dicke, schwarze Metallfässer mit der Aufschrift „Ethanol". Auf den Regalen stehen Hunderte Gin-Flaschen aus aller Welt, daneben jede Menge Botanicals in einfachen Müsligläsern. Fairfax Hall öffnet eine Flasche seines *Sipsmith*. „Wir wollten einen Gin brennen, der seine Tradition spiegelt", erzählt er. Ihr Brennmeister Jared Brown (ja, genau der Jared Brown, der auch Martini-Seminare in New York veranstaltet, Seite 62) hat monatelang nach alten Rezepten gesucht. Genauso lange hat er an der richtigen *Sipsmith*-Mischung getüftelt. Inzwischen verkaufen sie ihren Gin weltweit, und es wird eng in Hammersmith, doch vorerst bleibt die Garage ihre Destille. „Wir wollten unbedingt mitten in London produzieren, zwischen Wohnhäusern, und nicht in einem anonymen Industriegebiet außerhalb", sagt Hall. Er gießt den *Sipsmith* in ein kleines Glas: „Probieren Sie mal ..."

SPÄTES 16. UND FRÜHES 17. JAHRHUNDERT: Europa führt Krieg, und britische Soldaten sind mittendrin. Ende des 16. Jahrhunderts unterstützen sie niederländische Soldaten im Kampf gegen die Spanier. Im Dreißigjährigen Krieg kämpfen alle gegen alle, und die Niederlande sind ein Schlachtfeld. Was den Engländern auffällt: die „Dutch Courage" – der niederländische Mut. Die Kollegen aus Holland trinken vor der Schlacht einen Wacholderschnaps namens Genever. Den kennen die Briten nicht, Destillation ist zu dieser Zeit auf der Insel bestensfalls eine Nischenkunst.

SPÄTES 17. JAHRHUNDERT: Die Engländer sind Genever-Fans geworden und importieren immer größere Mengen des Branntweins aus den Niederlanden, doch nicht nur das: 1688 führen sie auch einen neuen König von dort ein. William van Oranje besteigt als William III. den britischen Thron. Seine ersten Amtshandlungen: Er führt das parlamentarische Regierungssystem ein, erklärt Frankreich den Krieg, verhängt ein Importverbot für Brandy (noch so eine beliebte ausländische Spirituose auf der Insel) und erlässt den *Distilling Act*. Der erhebt das Destillieren zum Handwerk; eine neue Zunft entsteht. Und Genever bekommt einen englischen Spitznamen: Gin.

NOTTING HILL, PORTOBELLO STAR. Die Bar ist leer, 15 Uhr ist auch in London nicht die Zeit für Hochprozentiges. Joe, der Bartender, hing gerade noch gelangweilt am Tresen, jetzt schenkt er ein: *Portobello Road No. 171* auf Eis. „Ja, das ist unser eigener Gin, den verkaufen wir seit 2011", erklärt er und gießt Tonic auf Gin und Eis. „Ich zeig euch mal

SIPSMITH
Wegweisend: Die nippenden Schmiede – Sipsmiths – waren die ersten, die in London wieder Gin gebrannt haben. Und was für einen? Einen verdammt guten.

PORTOBELLO ROAD NO. 171
Cool: In einem kleinen Labor über einer Bar geboren und den Gins des späten 19. Jahrhunderts gewidmet.

was!" Er schließt die Tür zur Straße ab und führt uns über eine schmale Treppe in einen winzigen Raum im ersten Stock: ein alter Bartresen, alte Ginflaschen aus dem späten 18. und frühen 19. Jahrhundert, eine kleine Dose mit *Kidney Pills* – wohltuender Wacholder für die Nieren. Wir stehen im zweitkleinsten Museum der Stadt. Doch das *Ginstitute* ist mehr als das. Noch eine schmale Treppe, noch ein kleiner Raum, dieser mit quadratischem Tisch, Glaskolben und einem kleinen Destillierapparat. „Hier können Sie Ihren eigenen Gin brennen. Nur heute leider nicht", bremst er meine aufkeimende Euphorie. „Schade ...", denke ich und will augenblicklich zurück zu meinem Gin and Tonic. Draußen regnet es wieder.

HENDRICK'S
Trendy: Der mit der Gurke ... muss man noch mehr wissen?

---

18. JAHRHUNDERT: Die Geschichte wird so erzählt: An einem kalten Tag im Januar 1734 holt Judith Defour ihre zweijährige Tochter Mary aus dem Armenhaus ab, in dem das Kind seit kurzem lebt. Die Schwestern dort haben das Kind für den Ausflug mit der Mutter extra hübsch angezogen. Am Abend jedoch bringt Judith ihre Tochter nicht zurück. Sie führt Mary raus auf ein Feld und zieht ihr die Kleider aus. Als das Mädchen vor Kälte schreit, erschlägt sie es, verkauft die Kleider und kauft sich Gin. Der Fall Defour löst heftige Debatten aus, in London greift schon seit Jahren die *Gin Craze* – der Gin-Wahnsinn – um sich. In Armenvierteln ist nahezu jeder Mann, jede Frau und auch viele Kinder alkoholabhängig. Gin ist billig und in Massen vorrätig. 1733, im Jahr vor Mary Defours Tod, werden in London 40 Millionen Liter Gin produziert, bei 500 000 Einwohnern macht das durchschnittlich 70 bis 80 Liter pro Person im Jahr. Verschiedene Gesetze, die sogenannten Gin Acts, sollen die Trunksucht eindämmen, die Versuche scheitern jedoch alle. Das Ende des Wahnsinns beginnt erst, als ab 1757 die Ernten ausfallen, es fehlt Getreide zur Alkoholherstellung. Als es einige Jahre später wieder vorrätig ist, etabliert sich eine Destillierindustrie, die Marken *Gordon's* und *Booth's* entstehen.

SOHO, GRAPHIC BAR. Wahnsinn, ich verstehe kein Wort. Sie erzählt von unserem Tag. Nick, US-Amerikaner, und Ebba, Schwedin – beide Freunde von Freunden von Freunden –, versuchen zuzuhören. Die Musik ist einfach zu laut hier (gut, aber laut).

Dies ist keine Bar für gepflegte Konversation. Stattdessen gibt es hier eines der größten Gin-Angebote Großbritanniens: 180 verschiedene Flaschen stehen hinter dem Tresen. Hier tagt regelmäßig die Juniper Society, ein Memberclub der Bar. Wir sprechen weiter über Gin, Hamburg, TV-Serien und verstehen weiterhin kein Wort.

CHINATOWN, EXPERIMENTAL COCKTAIL CLUB. Der Teppich dämpft alles: die Stimmen, die Jazzmusik, die leise im Hintergrund dudelt, das Licht, ja, sogar die Bewegungen der Gäste. Sie sitzen gut gekleidet in samtbezogenen Sesseln, die Decke ist gefliest, die Wände sind getäfelt – mit Holz und britischer Sophistication. Ich nippe an meinem Glas, und wir plaudern noch einmal das Gleiche wie eben. „In Schweden trinkt man keinen Gin", erklärt Ebba, „eher Wodka und Schnaps." Freunde von Nick kommen und gehen: „Hi, nice to meet you! How is your drink?"

BOMBAY SAPPHIRE
Prominent: Milder London Dry Gin, mit Stammplatz in Bars und Spirituosenregalen.

---

19. JAHRHUNDERT: Der Dry Gin wird erfunden. Weil die Destillateure ihre Kunst verfeinern, ist Gin nun auch ungesüßt genießbar (bislang musste der Zucker den unausgewogenen Geschmack übertünchen). Da der Großteil der Hersteller in London sitzt, etabliert sich das Etikett „London Dry Gin". Mit dem Gin wird auch die Trinkkultur feiner: In London eröffnen vornehme Trinkpaläste, die Gin Palaces. In den USA wird der Cocktail erfunden und mit ihm Bartender und Barkultur.

Und: Mit der britischen Marine reist Gin in diesem Jahrhundert in alle Welt. Der Branntwein hilft gegen Heimweh und beugt außerdem zusammen mit einem chininhaltigen Tonic der Malaria vor – der Gin and Tonic ist in der Welt.

PICADILLY, COYA. „This is my friend Michael", sagt Nick, ich lege den Kopf in den Nacken und gucke nach oben. Nicks Kumpel ist ein über zwei Meter großer Afroamerikaner. Er sei ein ehemaliger NBA-Basketballprofi, erzählt man sich hier im *Coya*. Das lateinamerikanische Nobelrestaurant hat erst vor wenigen Wochen eröffnet. Alle Tische sind besetzt, auch der neben der langen Bar, dort sitzt der Manager des Restaurants mit seinen Freunden, mit Michael zum Beispiel und jetzt auch mit Nick, Ebba, ihr und mir. Kartoffeln und Jakobsmuscheln schwirren auf ihrer Gabel durch die Luft. Ich trinke ein, zwei Pisco Sour ... Uuups, da fehlt der Gin, das geht so nicht, nicht heute. An das Fenster hinter mir trommeln Regentropfen.

FRÜHES 20. JAHRHUNDERT: Die USA verbieten 1919 Verkauf, Herstellung und Transport von Getränken, die mehr als 0,5 % Vol. enthalten. Doch diese Prohibition ist kaum durchzusetzen. Wer eine Empfehlung hat oder das Codewort kennt, kann in unzähligen Speakeasys, geheimen Flüsterkneipen, weiterhin trinken. Kriminelle Banden (auch die von Al Capone) beliefern die Bars mit teurem Alkohol. Statt den Alkoholismus einzudämmen, ist die Kriminalitätsrate durch die Prohibition gestiegen. Der Präsident der Vereinigten Staaten hebt sie 1933 wieder auf. Die europäische Barkultur hat von dem Verbot übrigens profitiert: Viele arbeitslose Barkeeper sind ausgewandert.

PICADILLY, COYA. „Excusez-moi, trinkst du gerade meinen Drink?", fragt mich der junge Franzose, der ebenfalls am Tisch des Managers sitzt. „Na und du, welchem Eton-Schüler hast du denn dein Jacket geklaut?" Habe ich das gerade gesagt? Hat er überhaupt gefragt? Nein, nein, der falsche Alkohol spricht mit mir. Mir fehlt Gin. Ich muss weiter, sie auch, Nick, Ebba und Michael sowieso, wir gehen.
PICADILLY, VOR DEM CUCKOO CLUB. Jetzt sind alle weg, ich sehe nur noch Michael, der aus der Menschenmenge vor dem Eingang hervorragt, taumele hinterher. Es regnet, ich trete in eine Pfütze. Mist, die Turnschuhe sind schon wieder nass. Moment! Die Mädchen in der Schlange tragen High Heels, ich schaue auf meine Füße ... da werde ich an Michael vorbei zum Eingang geschoben. Muss ich ...? Nein, muss ich nicht.

MITTE DES 20. JAHRHUNDERTS: In den 1960er-Jahren ist Gin die meistgetrunkene weiße Spirituose der Welt, in den 20, 30 Jahren danach aber nur noch Staubfänger in den Bars. Schuld am Niedergang hat – so erzählt man es – James Bond. Gin-Liebhaber Ian Fleming ließ seine Romanfigur Bond immer Gin trinken, die Filmfigur Bond bestellt jedoch Wodka-Martini. Erfolgreiches Product Placement von *Smirnoff* Wodka, dessen Verkaufszahlen prompt in ungeahnte Höhen steigen.

CUCKOO CLUB, PICADILLY. Ich habe sie wiedergefunden. Zwei Tänzer entfernt, plaudert sie mit einem englischen Brasilianer, Trillionär oder so. Ich tanze, Schulter an Schulter an Knie an Hüfte auf Fuß, tanze in weiß-lila zuckendem Schwarz. Tanzen, immer weiter tanzen. Noch ein Drink von Michaels Tisch, vier Wodkaflaschen in Schwarzlicht, Säfte zum Mixen. Wodka?! Egal, ich tanze weiter. Sie hat schon wieder neue Freunde, ich zupfe an meinem Wollkleid und tanze. Wetten, keiner hat so bequeme Schuhe wie ich?
MALTBY STREET MARKET, SOUTHWARK. Das Paradies stinkt mir an diesem Morgen noch. Käse, Konfitüren, Eclairs, Macarons aus kleinen Manufakturen ... nein danke. Ein Kaffee wäre gut. Sie schlägt vor, einfach weiter zu trinken. Und dann stehen wir vor einem offenen Garagentor, mitten in der Einfahrt steht eine zusammengezimmerte Bar: der Marktstand von *Little Bird* Gin. „Möchtet ihr probieren?"

LITTLE BIRD
Vogelfrei: schmeckt nach Orange und Grapefruit – und gar nicht klassisch.

SPÄTES 20. JAHRHUNDERT: 1988 kommt *Bombay Sapphire* auf den Markt – und Gin zurück ins Leben. Die blaue, viereckige Flasche erzeugt Aufmerksamkeit. Außerdem ist mehr Zitrone drin, das passt zum Geschmack in den späten 80er-Jahren. Bis zum richtigen Comeback vergehen aber noch weitere zehn Jahre.
21. JAHRHUNDERT: Gin ist wieder in. Die globalen Verkaufszahlen wachsen zwar nur schwach, doch die Kunden kaufen immer mehr hochwertigen Gin, der vor allem in kleinen Destillen hergestellt wird. Vorreiter sind die USA. Anfang des Jahrtausends entstehen dort innerhalb weniger Jahre mehrere Hundert Mikro-Destillerien. In Großbritannien gehören 2009 die Sipsmiths zu den Pionieren. Aber auch die Thames Distillers sind Teil des Trends: Sie brennen im Süden Londons 40 verschiedene Gins für 30 Marken – zum Beispiel auch den *Portobello Road* oder den *Little Bird* Gin.

SOUTHWARK, MALTBY STREET MARKET. Sie und ich sitzen vor *Coffee, Mate?* in der Sonne. „Was für ein Tag, nein, was für eine Nacht!", sagt sie. Ich nicke, nippe an meinem Cappuccino und denke an das Gespräch mit Fairfax Hall gestern Morgen bei *Sipsmith*. „Wenn du ein Getränk genießt, stürzt du es nicht runter", dozierte er, „du nippst daran. Das meint ‚to sip'. Genuss in kleinen Dosen." Cheers!

DAWN

DAWN

DAWN

WAS FÜR EIN PREUSSE

VON ANNABEL VON GEMMINGEN

In der Preußischen Spirituosen Manufaktur, dem ältesten Destillierbetrieb Deutschlands, wird noch nach altbewährter preußischer Tradition der *Adler Berlin Dry Gin* hergestellt.

Dienstagmorgen, 10 Uhr. Gerald Schroff hebt den schweren Deckel eines Kupferkessels und linst hinein. Er nickt zufrieden. Das Gin-Mazerat ist fertig. Zeit für die erste Raucherpause. Wenig später steht der Geschäftsführer der Preußischen Spirituosen Manufaktur in Jeans und Sweatshirtjacke am geöffneten Bürofenster im ersten Stock und bläst den Rauch seiner Zigarette hinaus auf die stark befahrene vierspurige Seestraße in Berlin-Wedding. Er sieht müde aus, trägt Dreitagebart und kurze Haare, die aussehen, als habe er sie sich heute schon einmal gerauft. Seit sieben Uhr morgens ist der 48-Jährige auf den Beinen, um den Betrieb in der Spirituosenmanufaktur zu überwachen und sicherzustellen, dass dem Lehrling und den zwei Gesellen beim Herstellen der hochwertigen Destillate kein Fehler unterläuft.

„Feierabend mache ich erst um 22 Uhr", sagt Schroff. „Auch am Wochenende muss ich meist arbeiten. Das geht natürlich an die Substanz." Aber Schroff will es nicht anders. Einen anderen Job kann er sich gar nicht mehr vorstellen. „Da müsste schon ein arabischer Scheich daherkommen und ein paar Millionen auf den Tisch blättern", sagt er und zwinkert verschmitzt.

Schroff ist Belastungen im Job gewohnt: Er hat viele Jahre als Chef de Bar in der Fünf-Sterne-Gastronomie gearbeitet, ehe er im Jahre 2008 Co-Inhaber der Preußischen Spirituosen Manufaktur wurde. „Dem einzigen Betrieb in ganz Deutschland, der die Destillateurmeisterprüfung abnehmen darf", wie der Vater zweier Söhne stolz hinzufügt. Er könnte jetzt ein bisschen angeben, aus dem Nähkästchen plaudern, welch namhafte Spirituosenhersteller hier in den alten Backsteingemäuern ihr Handwerk gelernt haben. Aber Schroff macht nicht gern die große Welle. „Verkaufsmenschen sind mir suspekt", sagt er. „Gerade beim Gin wird viel Augenwischerei betrieben." Vielen Herstellern gehe es nur noch darum, sich gegenseitig zu überbieten, sei es bei der Menge der Zutaten, sei es bei der Anzahl der Destillations- und Filtrationsvorgänge. „Verbraucherverarsche" nennt Schroff das, „weil das Wesentliche, nämlich die Qualität des Gins, dabei zweitrangig wird". Der Destillateur will es besser machen und hochwertige alkoholische Produkte mit nachhaltigem und unverfälschtem Geschmack herstellen. Das brauche vor allem Geduld. Und jede Menge Arbeitszeit.

Während Schroff den Zigarettenstummel ausdrückt, geht er schon in Gedanken die nächsten Schritte durch: E-Mails beantworten. Mit den Lieferanten, Käufern und Kooperationspartnern telefonieren. Die nächste Gruppenführung durch den Betrieb organisieren. Apparaturen reinigen. Und dann muss ja auch noch der *Adler* Gin destilliert werden – das älteste Erzeugnis, das die Preußische Spirituosen Manufaktur zu bieten hat.

Das Rezept für den Dry Gin stammt noch von Max Delbrück, dem Leiter der 1874 per preußischer Kabinettsorder errichteten Versuchs- und Lehranstalt für Spiritusfabrikation. Die sollte aus landwirtschaftlichen Kartoffel- und Getreideüberschüssen Alkohol gewinnen, der als Autotreibstoff verwendet werden konnte. Doch Delbrück wollte mehr. Er gründete eine Lehranstalt für Destillateure, rief die Marke *Adler Spirituosen* ins Leben und kreierte unter anderem den *Adler* Gin. Um 1900 erlebte die Versuchs- und Lehranstalt für Spiritusfabrikation ihren Höhepunkt. Dann kamen die beiden Weltkriege, das staatliche Branntweinmonopol entfiel, und die Versuchs- und Lehranstalt fand nie mehr zu ihrer alten Größe zurück. Der *Adler* Gin geriet in Vergessenheit.

Erst ein Skiunfall im Jahre 2005 sollte das ändern: Schroff arbeitete zu dieser Zeit als Barmanager in einem Luxushotel am österreichischen Arlberg. Weil er tagsüber freihatte, schwang sich der ausgebildete Skilehrer auf sein Snowboard – und stieß auf der Piste mit dem Berliner Mikrobiologen und Professor Ulf Stahl zusammen. „Der stand da in seinem feschen Skianzug mitten im Weg und machte den Hans Guck-in-die Luft." Schroff schmunzelt.

Abends begegneten sich die beiden an der Bar. „Der schon wieder", habe er im ersten Moment gedacht, dem Professor dann aber einen Drink angeboten. Und als der zu Schroffs Verblüffung in der Lage war, jede noch so feine Geschmacksnuance herauszuschmecken und zu benennen, einen zweiten und einen dritten. So kamen die beiden ins Gespräch. Stahl erzählte von der Spirituosenfabrik, die sich auf dem Gelände seines Instituts für Biotechnologie befand. Er wollte sie wieder aufleben lassen, und Schroff, Spross einer Brennerfamilie, sollte ihn als Partner unterstützen. Er ließ sich nicht lange bitten.

Noch im selben Jahr legten Schroff und Stahl den *Adler* Gin wieder auf. Weil Delbrück und seine Nachfolger all ihre Versuche akribisch dokumentiert hatten, war das Originalrezept noch vorhanden. Vier Jahre später, im Jahre 2009, übernahmen die beiden Geschäftspartner die Versuchs- und Lehranstalt für Spiritusfabrikation und nannten sie fortan Preußische Spirituosen Manufaktur. Sie haben den Kauf nie bereut: „Dieser Betrieb ist ein wahres Schätzchen", sagt Schroff. „Der letzte seiner Art."

Was er damit meint, wird deutlich, als Schroff die Tür zur Destillerie aufstößt: Der Raum sieht aus wie ein historisches Versuchslabor, auf dem nicht nur ein angenehmer, unaufdringlicher Kräutergeruch, sondern auch das gesammelte Destillateurfachwissen aus zig Jahrzehnten lastet. Dutzende Kupferkessel stehen neben mannshohen alten Steingutgefäßen und Destillationsapparaturen, deren mit Trichtern und Rädchen versehene Rohrleitungen sich kunstvoll um mehrere Ecken winden. Sie lassen erahnen, welch komplizierten Weg ein Dry Gin bis zu seiner Vollendung zurücklegen muss. „Wir haben den Anspruch, Spirituosen herzustellen, die nicht nur als Mixgetränk, sondern auch für sich alleine bestehen und überzeugen können", sagt Schroff.

Während der 48-Jährige mit hallenden Schritten durch den Raum geht, tippt er hin und wieder auf eine der Maschinen und rattert deren Baujahr herunter: „Die da ist von 1874, diese von 1901 und die hier von 1952." Er ist jetzt vor einer Vakuumdestilliermaschine stehengeblieben, dem Herzstück der Preußischen Spirituosen Manufaktur. „Eine legendäre Apparatur, weil jeder Destillateurmeister schon an ihr gelernt hat", sagt Schroff. Der gebürtige Schwabe tätschelt den glänzenden Kupferkorpus. „Bei diesen alten Maschinen gibt es keine Ersatzteile mehr, die müssen wir jedes Mal teuer anfertigen lassen."

Eine Weile noch bleibt er andächtig stehen, dann widmet sich Schroff dem Gin-Mazerat: einer dunklen Masse aus 14 Beeren, Blüten, Wurzeln, Kräutern und anderen pflanzlichen Zutaten, die ein bis zwei Wochen in reinem Weizenfeindestillat eingeweicht wurde[1].

Schroff rührt prüfend darin herum, dann öffnet er einen am Kessel angebrachten Hahn und lässt den nunmehr mit Kräuterextrakten angereicherten Alkohol durch ein Sieb in einen Eimer ab. Anschließend gießt der 48-Jährige das Mazerat vorsichtig in die Destillierblase der Vakuumdestillationsapparatur. „Die alte Methode der Vakuumdestillation hat den großen Vorteil, dass wir die Destillationstemperatur erheblich senken können", erklärt er. Je weniger Sauerstoff sich nämlich in der Luft befindet, desto niedriger ist der Siedepunkt. Das hat zur Folge, dass das Gin-Destillat des *Adler* Gin schon bei Temperaturen zwischen 50 und 60 Grad destilliert werden kann.[2] „Herkömmliche Apparaturen haben ihren Siedepunkt etwa zwischen 75 und 120 Grad", sagt Schroff. „Dabei werden jedoch einige Aromen zerstört." Das Gin-Extrakt sei dann weniger intensiv und nachhaltig im Geschmack. „Unser Extrakt ist hingegen sehr aromaintensiv, sodass wir es sparsamer einsetzen können", erklärt der Gin-Experte. Das mache den *Adler* Gin so mild und bekömmlich.

Schroff zeigt auf eine unscheinbare weiße Plastiktonne, die unter einem Fenster steht. Eine weißlich-trübe Flüssigkeit schwimmt darin. „So sieht das Gin-Destillat aus, nachdem es das erste Mal aus der Vakuumdestillationsapparatur kommt", sagt Schroff. „Da sind jetzt noch diverse Trubstoffe drin, die in einem klaren Gin nichts zu suchen haben."[3] Damit sich diese Stoffe vom Destillat lösen, wird es noch mit Wasser bis knapp unter die letztendliche Trinkstärke verdünnt. Nach und nach sammeln sich dann die

[1] Die Mazeration steht am Anfang jedes destillierten Gins. Dabei werden die Botanicals – also Gewürze, Kräuter oder andere pflanzliche Zutaten wie zum Beispiel Wurzeln oder Obstschalen – einige Stunden bis mehrere Tage in Neutralalkohol eingelegt, um ihre Aromastoffe zu extrahieren.

[2] Die zweifache Destillation des Gin-Destillats, bei der verdampfbare von nichtverdampfbaren Stoffen getrennt werden, dient der aromatischen Extraktion der Botanicals. Dabei werden die geschmacklich wertvollen Substanzen von den weniger brauchbaren getrennt. Zunächst wird das Ausgangsgemisch aus Alkohol und Kräutersubstanzen zum Sieden gebracht. Anschließend wird der entstandene Dampf aufgefangen und abgekühlt, bis er sich wieder verflüssigt.

nicht wasserlöslichen Stoffe an der Oberfläche, und das Destillat wird danach durch einen Filter gegossen. Anschließend wird der Destillationsvorgang noch ein zweites Mal wiederholt.

Ist dieser Vorgang abgeschlossen, wird in einem Rührgefäß reines Weizenfeindestillat mit Wasser auf die gewünschte Trinkstärke heruntergesetzt, ehe ihm nun als Letztes wiederum das Gin-Destillat zugesetzt wird. „Wir nehmen dafür ganz normales Berliner Grundwasser, das wir allerdings vorher entionisieren, damit es weicher wird", erklärt Schroff.[4] „Im Übrigen arbeiten wir beim Destillieren mit Dampf: Unsere Maschine verfügt über eine doppelwandige Destillierblase, was eine besonders gleichmäßige, konstante Wärmeverteilung gewährleistet. Auch das schont die Aromen."

Ist die Zweifachdestillation abgeschlossen, wird der Gin für fünf bis acht Monate in Steingutgefäßen gelagert, ehe er in seine markanten eckigen Flaschen abgefüllt und mit dem Etikett *Adler Berlin Dry* Gin versehen wird. Selbst das Etikettieren geschieht in der Preußischen Spirituosen Manufaktur noch von Hand. „Klar ist das alles sehr aufwendig, was wir hier machen, aber es hat etwas für sich, mit historischen Anlagen zu arbeiten", sagt Schroff. Nicht von ungefähr lautet der Leitgedanke der Manufaktur: „Edel und wahrhaftig preußisch". Für die Kollegen Schroff und Stahl bedeutet das: Geradlinigkeit und Ehrlichkeit, die man schmeckt. „Heutzutage sind viele Gins zu blümerant", meint Schroff. „Wir wollten dem klassischen Gin treu bleiben, wo der Wacholder klar im Vordergrund steht und durch die anderen Zutaten lediglich untermalt und nicht ausgeblendet wird."

Noch immer enthält der *Adler* Gin dieselben 14 Zutaten wie anno dazumal: Neben der Wacholderbeere sind das Lavendelblüte, Koriander, Angelikasamen, Ingwer, Meisterwurzel, Baldrianwurzel, Piment, Orangenblüte, Zitronenschale, Hopfendolde, Alantwurzel, Bisamkörner und Bertramwurzel. Lediglich das Zusammenspiel der Komponenten wurde von Schroff und Stahl verändert. Wie, das bleibt ihr wohlgehütetes Geheimnis. Es wird mit all den anderen teilweise mehr als 100 Jahre alten Rezepten und handschriftlichen Notizen vorangegangener Destillateurgenerationen sicher in einem Banktresor verwahrt. Seine Preisgabe wäre ja auch ein Bruch mit der preußischen Tradition.

[3] Als Trubstoffe bezeichnet man die Schwebstoffe und -partikel, die sich natürlicherweise in Getränken pflanzlichen Ursprungs befinden. Um ihm sein charakteristisches klares Aussehen zu verleihen, werden sie beim Gin herausgefiltert.

[4] Weiches Wasser beugt Trübungen vor, die nach dem ersten Destillationsvorgang im Gin-Destillat entstehen können.

Die Autorin

Annabel von Gemmingen, geboren 1981, arbeitet als freie Autorin in Berlin und weiß, dass viele auf die kräftigende Wirkung von Gin and Tonic schwören. Trotzdem war sie etwas verdutzt, als sie kürzlich vom Freizeitspaß „Gym & Tonic" hörte: Erst werden die Muskeln trainiert, danach mit Gin and Tonic der Gaumen. Nun rätselt sie, ob das eine Sportart für sie sein könnte.

ADLER

Preußisch

Geradlinig, kraftvoll, mit schlanker Komplexität und exzellent komponiert – der *Adler Berlin Dry* Gin aus der Preußischen Spirituosen Manufaktur hält seine Herkunft in Ehren. Schmeckt nach Koriander, Ingwer, Lavendel, Zitrone und – Stichwort Tradition – Wacholder, was sonst.

Fitzgeraldo

Eine Kreation von Gerald Schroff

3 cl *Adler Berlin Dry* Gin
2 cl *Lillet*-Wermut
1 cl *Sanssouci Holunderblütenlikör* aus der Preußischen Spirituosen Manufaktur
1 cl *Sanssouci Quittenlikör*, ebenfalls aus der Preußischen Spirituosen Manufaktur

Zutaten verrühren und in ein (vorgekühltes!) Martiniglas abseihen.

GROSSFAMILIE GIN

Was die Mitglieder dieser Familie eint, hat die Europäische Union in Verordnung Nr. 110/2008 festgehalten: Gin ist eine Spirituose mit Wacholdergeschmack, mindestens 37,5 % Vol. und natürlichen Aromastoffen. Ansonsten ist vieles erlaubt. Eine Familienaufstellung.

BOLS
Ein klassischer Genever

HAYMAN'S OLD TOM
Gin geht auch süß. Ausprobieren!

GENEVER Ein Vorfahre des Gin! Englische Soldaten kosteten vom holländischen Nationalgetränk erstmals, als sie mit niederländischen Kollegen gegen Spanien kämpften. Heute verbindet die entfernten Verwandten vor allem noch der Wacholder. Genever schmeckt nämlich sehr viel stärker nach Getreide als der Nachfahre von der Insel. Er ist farblos bis hellgelb und hat mindestens 35 % Vol.

OLD TOM GIN Der süße Gin war im 18. und 19. Jahrhundert besonders populär, und das ist nicht nur auf eine Geschmacksmode zurückzuführen. Weil die Destilliertechniken damals noch nicht ausgereift waren, griffen die Destillateure zu Zucker, der übertünchte so manch unangenehmen Geschmack. Heute wird der Old Tom Gin vor allem nach Finnland, Japan und in die USA exportiert. Meist enthält er zwei bis sechs Prozent Zucker, eine gesetzliche Definition gibt es jedoch nicht.

DRY GIN Der Gin, der heute in den Bars steht, ist meistens dry, zu Deutsch: trocken, also ungesüßt. Entwickelt wurde er jedoch erst im 19. Jahrhundert, als die Destilliertechniken besser wurden und kein Zucker mehr nötig war, um unerwünschte Geschmäcke zu übertünchen.

LONDON DRY GIN Wie der Name schon sagt: ein Dry Gin und somit ungesüßt. Was der Name noch andeutet: Er wird nur in London hergestellt – das war jedoch nur ursprünglich so. Heute kann er überall destilliert werden. Der Brennmeister muss sich dabei jedoch hier insbesondere an die EU-Verordnung 110/2008 halten. Sie legt fest, wie und woraus er hergestellt wird und dass er nicht mehr als 0,1 Gramm Zucker pro Liter enthalten darf.

NEW WESTERN DRY GIN Das jüngste Mitglied der Gin-Familie. Diese Gins haben ein schwächeres Wacholderaroma, andere Botanicals werden wichtiger. Ein Beispiel: Hendrick's Gin kam durch Rose und Gurke zu Weltruhm.

PLYMOUTH GIN Dieser Name hält, was er verspricht: Der Gin darf nur in Plymouth, Cornwall, und ausschließlich mit Dartmoor-Wasser hergestellt werden. So macht es die Black Friars Distillery schon seit 1793. Berühmt wurde der Plymouth Gin, weil kurz nach der Gründung der Destille die britische Marine Kunde wurde. Dafür wurde extra eine Sonderedition hergestellt: der Plymouth Navy Strength Gin hatte 57 % Vol. Der hohe Alkoholgehalt war wichtig, weil der Gin auf den Schiffen zusammen mit der Munition gelagert werden musste. Wurde versehentlich Gin über dem Schießpulver verschüttet, war es trotzdem noch brauchbar – der Navy Strength enthielt mehr Alkohol als Wasser. Heute ist der Plymouth milder als der London Dry, er enthält mehr süße Wurzeln und weniger bittere Botanicals.

PLYMOUTH
Früher Liebling der britischen Offiziere, heute Spirituose für Liebhaber Großbritanniens.

XORIGUER GIN Noch eine lokale Besonderheit. Der Xoriguer darf nur auf Menorca produziert werden. Er hat ein kräftiges Wacholderaroma und 38 % Vol. Auf der Baleareninsel wird er traditionell mit frischem Zitronensaft oder der lokalen Limonade Pomada getrunken.

SLOE GIN Heißt Gin, ist aber eigentlich keiner: Hier dient der Wacholderbranntwein lediglich als Basisalkohol. Er wird mit Schlehen (englisch Sloe) aromatisiert und gesüßt.

DAMSON GIN Hier gilt das Gleiche wie beim Sloe Gin: Der Gin wird süßlich aromatisiert. Statt Schlehen sind es hier Zwetschgen (englisch Damson).

XORIGUER
Darf nur auf Menorca gebrannt, aber überall getrunken werden.

DIE SCHWARZWALD-ALCHEMISTEN

VON ANNABEL VON GEMMINGEN

Zwei grundverschiedene Männer und ein gemeinsamer Traum: tief im Schwarzwald einen Gin mit frischen regionalen Zutaten herzustellen. Den besten, den die Welt je gekostet hat.

Das erste Testdestillat des Gins, der zwei Jahre später zum besten der Welt gekürt werden sollte, schmeckte gewöhnungsbedürftig. Von der floralen und pfeffrigen Duftnote mit einem Hauch von Zitrusfrüchten, wie sie später so charakteristisch für den *Monkey 47* sein sollte, fehlte da noch jede Spur. „Stattdessen hat der Gin nach alten Socken geschmeckt", sagt Alexander Stein heute. Er lacht: „Ich fürchte, so ähnlich habe ich das auch Christoph Keller ins Gesicht gesagt."

Für Keller, den heutigen Geschäftspartner von Stein, muss das damals, es war das Jahr 2008, wie eine Beleidigung geklungen haben. Der Destillateur hatte sich bereits mit hochwertigen Obstbränden einen Namen in der Branche gemacht. Aber Keller wäre nicht Keller, wenn er diese Beleidigung auf sich hätte sitzen lassen. Wenn sie ihn nicht angespornt hätte, besser zu werden, der Beste zu sein. Also produzierte er 119 weitere Testdestillate und revanchierte sich damit, dass Kollege Stein sie alle probieren musste.

„Zum Glück reichte es bei vielen, nur daran zu riechen. So konnte ich schon mal die Hälfte aussortieren", erzählt Stein von der Anfangszeit der Black Forest Destillers GmbH. Noch immer schwingt in den Erzählungen des 40-Jährigen Erstaunen darüber mit, wie unerschrocken und auch ein bisschen naiv er und der drei Jahre ältere Keller damals an die Entwicklung des *Monkey 47* herangegangen waren. Wie selbstverständlich und bisweilen schonungslos ehrlich sie zusammengearbeitet hätten, obwohl sie sich doch eigentlich kaum kannten. Zwei Fremde, die im Spätsommer 2008 der Zufall in Form eines Zeitungsartikels zusammenführte.

Alexander Stein hatte gerade seinen Job als Nokia-Manager in den USA gekündigt und war mit einem Traum nach Stuttgart zurückgekehrt: die Neuauflage eines Dry Gins mit Schwarzwaldgenen, der – wenn man dem Marketingprofi Stein Glauben schenken mag – auf einer alten Rezeptur des britischen Kommandeurs Montgomery Collins basiert. Der soll angeblich nach dem Zweiten Weltkrieg im Schwarzwald ein Gasthaus mit dem Namen *Zum wilden Affen* betrieben und dort den Gin *Max the Monkey* gebrannt haben. Eine schöne Geschichte, für die Kreditinstitute jedoch war sie in Zeiten der Bankenkrise vielleicht ein bisschen zu fantastisch. Also fasste Stein den Entschluss, die Herstellung des Schwarzwaldgins unabhängig von den Banken zu finanzieren. Geld ließe sich schon irgendwo auftreiben. Was ihm allerdings fehlte, war ein Destillateur.

Eines Tages zeigte sein Vater ihm einen Zeitungsartikel. Er handelte von Christoph Keller. Der ehemalige Frankfurter Buchverleger war mit seiner Familie in eine alte Mühle im Schwarzwald gezogen, um dort mit ein paar Lamas und alten Nutztierrassen „sein Leben zu entschleunigen" und sich der Schnapsbrennerei zu widmen. Neben dem Artikel stand ein Foto. „Ein bärtiger Mann blickte darauf grimmig in die Kamera", erinnert sich Stein. „Mein erster Impuls war: Den rufe ich bestimmt nicht an!" Es vergingen zwei Wochen, dann tat er es doch. „Ich war total überrascht, weil Christoph eine sehr nette Stimme hatte, mir ruhig und interessiert zuhörte und mich dann auch noch zu sich nach Hause einlud!"

Einige Wochen später saßen die Männer zusammen: Stein, ganz smarter Geschäftsmann, trug Hemd, Sakko und Gel im Haar. Keller kombinierte zu seinem dichten Rauschebart Schiebermütze und eine alte Latzhose – die beiden verstanden sich glänzend. Nur wenige Wochen später sagte Keller zu. Doch er stellte eine Bedingung: Der Gin müsse extrem hochwertig sein. „Er meinte, wir bräuchten mindestens drei Jahre für die Entwicklung", erinnert sich Stein. „Da habe ich erst mal geschluckt. In meinem Job bei Nokia drehte sich ja alles um Geschwindigkeit und Effizienz. Christoph kommt aus der Kunstbranche, da spielen Zeit und Finanzen eine andere Rolle."

Ganz so lang hat es dann auch nicht gedauert: Zwei Jahre haben Keller und Stein mit verschiedenen Zusammensetzungen experimentiert, bis die Rezeptur ihres Gins endlich stand. Die ersten Flaschen gingen 2010 in den Verkauf. Und ihr Ehrgeiz wurde belohnt: Schon nach wenigen Tagen war der *Monkey 47* ausverkauft. Nur ein Jahr später, 2011, zeichnete die *International Wine and Spirits Competition* den Gin als besten seiner Art aus.

Mittlerweile wird das Regionalprodukt aus dem Schwarzwald (von den 47 Zutaten kommt ein Drittel aus der Region) in 20 Länder exportiert. 2014 soll der Affe auch den amerikanischen Markt erobern. Der Erfolg bringt es mit sich, dass hin und wieder unangemeldet Busse mit Schaulustigen auf den Hof von Kellers Brennerei rollen (obwohl der eigentlich ein Privatgrundstück ist, wo Fremde nichts zu suchen haben). Der Mann, der eigentlich ein zurückgezogenes, beschauliches Leben mit seiner Familie führen wollte, trägt es mit Fassung. „Zum Glück", findet Stein. Die beiden sind nicht nur gute Geschäftspartner, sondern auch Freunde geworden.

MONKEY 47

Gar nicht affig

Wer ihn nicht mag, ist selbst schuld. Der *Monkey 47* ist Everybody's Darling, alle kennen ihn, und alle wollen mit ihm befreundet sein. Zitronig-blumig, mit klarer Wacholdernote, mild, ausgewogen und mit regionalem Touch durch Preiselbeeren und Fichtensprossen. Macht Spaß! Na, nun trinken Sie schon!

The Monkey Gland

5 cl *Monkey 47*
2 cl frischer Limettensaft
1 cl einfacher Sirup (Verhältnis von Zucker und Wasser: 1 : 1)
4 cl Cranberrysaft

In einem zu drei Vierteln mit Eis gefüllten Shaker gut schütteln, in ein gekühltes Cocktailglas abseihen.

„TRINK, WAS KLAR IST!"

VON DORTHE MARCH

Die Niederländer haben den Genever, die Slowaken den Borovička und die Österreicher den Kranewitter. Wacholderbrände gibt es viele und fast überall – auch in Ostwestfalen. Dorthe March wurde der Schnaps ihrer Heimat auf jeder Familienfeier vorgesetzt. Den größten Wacholderexperten ihrer Sippe hat sie allerdings nie kennengelernt: Opa Walter.

Mein Großvater, Walter Kleine-Depenbrok, hat in den 1960er-Jahren in Lage[1] eine Kneipe geführt. Dort haben sich auch meine Eltern ineinander verliebt. Meine Mutter, Walters Tochter Brigitta, hat hinter dem Tresen gearbeitet, Hardo, mein Vater, war Gast – und kam irgendwann nicht mehr nur zum Knobeln oder Skatspielen …

Kennengelernt habe ich meinen Großvater nie, aber ich habe mich oft gefragt, wie er wohl so war, der Opa von den Schwarz-Weiß-Fotos im Familienalbum. Ich hätte mich gern mal mit ihm zum Frühschoppen an die Theke der alten Kneipe gesetzt. Im Ausschank: kaltes Pils und eisgekühlter Wacholder. Und dann hätte ich ihn ausgefragt, ungefähr so:

[1] Kleinstadt in Ostwestfalen-Lippe

DORTHE Schön, dass wir uns kennenlernen. Und das auch noch an so einem bedeutenden Ort. Ich darf doch Opa sagen?
WALTER Na, das bin ich ja wohl. Und jetzt sitzen wir hier. Was weißt du denn eigentlich über mich?
DORTHE Dass du früh gestorben bist. Dass du in Lage zuerst eine Tankstelle und dann eine Kneipe geführt hast. Dass du immer ein schickes Auto gefahren und leidenschaftlich gern fotografiert hast. Und dass du noch lieber gefeiert und getrunken hast. Warst du in Kneipenzeiten dein bester Gast? Bist du am Ende daran gestorben?
WALTER Einige mögen das wohl behaupten. Aber jetzt stoßen wir erst mal an. Zum Wohl!
DORTHE Zum Wohl. Brrr, ist ganz schön früh für Schnaps.
WALTER So ein Pinneken[2] ist doch das Beste, was es gibt zum Bier. Frauen haben das allerdings hier so gut wie nie bestellt.
DORTHE Ich komme wahrscheinlich eher nach dir.
WALTER Kann gut sein. Du siehst auch eher aus wie deine Mutter Gitta, meine Tochter! Aber die Frauen und der Wacholder – das ist in der Tat keine echte Liebe. Ich erinnere mich, dass die Damen den immer mit Boonekamp, einem Kräuterlikör, versetzt bestellt haben. Eine scheußliche Mischung. Ich bin da eher fürs Klassische: Sag, was wahr ist – trink, was klar ist.
DORTHE Und bei dir? War Wacholder dein Lieblingsschnaps?
WALTER Ich mag das Zeug schon leiden, genauso wie viele meiner Gäste, die oft auch meine Freunde waren. Aber wenn wir ehrlich sind: Der Wacholder war damals auch einfach der günstigste Schnaps auf der Karte – Korn war 20 Pfennig teurer!
DORTHE Was glaubst du, wie viele Wacholder hast du in deinem Leben ausgeschenkt?
WALTER Ach, das waren so viele … die kann man nicht mehr zählen. Wacholder ist ja hier in Lippe so was wie unser Nationalgetränk. Den haben alle getrunken – immer eiskalt, so wie in unserem Gedeck hier. Viele Leute mögen Wacholder ja schrankwarm oder lagern die Flasche sogar hinter dem Ofen, aber so lecker kann ich ihn dann doch nicht finden. Kalt und kurz – und gut. Ach ja, zum Schnaps gehören natürlich auch die Schützenfeste! Da kamen ja alle zusammen und haben tagelang gefeiert. Da ist der ein oder andere Wacholder durchgegangen. Kein Wunder, der Magen musste ja auch lange durchhalten *(lacht)*.

[2] 2-cl-Schnapsglas

Walter Kleine-Depenbrok ist 1967 im Alter von 47 Jahren gestorben. In den Haushalten seiner Tochter Brigitta und seiner Enkelin Dorthe steht aber immer eine Flasche Wacholder – wenn auch nicht im Eisfach.

DORTHE Warst du auch Mitglied im Schützenverein?

WALTER Mädchen, ich hatte vier Kinder, einen Betrieb und meinen Fotoclub – da war gar keine Zeit mehr für so was.

DORTHE Dieses sogenannte Herrengedeck, Pils und Wacholder oder irgendein anderer Kurzer, ist in meiner Generation total aus der Mode gekommen. Flaschenbier trinken ist schick – und Gin, oft aufgegossen mit Tonic Water. Willst du das mal probieren?

WALTER Was soll das denn mit dem Aufgießen mit … Wasser? Sind wir jetzt bei den Franzosen, die Schnaps mit Wasser verlängern?

DORTHE Willst du das nun probieren oder nicht?

WALTER Ich will mal nicht so sein … Hm, ja, kann man trinken. Aber meins ist es nicht. Ich weiß auch überhaupt nicht, was schick daran sein soll, irgendetwas zu trinken – oder etwas anderes. Entweder es hebt die Stimmung, oder man sollte es lassen. Kurze waren ja auch immer ein Ritual, ein kurzes Verbrüdern oder so. Sogar bei Familienfesten, wenn sich die Leute nicht so recht mochten, hat das geklappt. Zusammen so'n Kurzen runterstürzen, das gibt ein Gemeinschaftsgefühl. Das ist doch gut. Ja, das finde ich schick. Das schickt sich.

DORTHE Das ist also der beste Anlass, Wacholder zu trinken?

WALTER Das – und der Abschluss eines guten Essens. Lippische Palme[3] mit Kohlwurst oder Pickert[4] mit Leberwurst – und danach einen Wacholder. Ist ja auch Medizin, das Zeug.

DORTHE Ich habe auch lange in einer Kneipe gearbeitet: in Lemgo[5]. Dort wird tatsächlich öfter noch mal Wacholder nach dem Essen bestellt.

WALTER Die Schöttkers[6] haben ja sogar das Lied von den Lippischen Schützen umgedichtet – mit so was wie „da sind wir noch schnell nach Lemgo reingetreckt, weil do der Schöttkersche Wacholder so chut schmeckt …" *(lacht)*. Wahrscheinlich kennst du das Lied gar nicht.

DORTHE Nein, leider nicht … vielleicht hättest du es mir beigebracht, wenn wir uns eher kennengelernt hätten, du und ich.

WALTER Nun mal nicht gefühlsduselig werden. Ich schenk noch mal zwei ein. Zum Wohl, mein Mädchen … Ein guter Wacholder! Aber dass sich dieses Gin-Zeugs auf Dauer durchsetzt, kann ich mir beim besten Willen nicht vorstellen.

[3] Grünkohl
[4] Lippische Spezialität: kleine, aber mächtige Pfannkuchen aus Hefe, Mehl, Kartoffeln und Rosinen. Der Pickert wird warm gegessen und mit gesalzener Butter, Rübenkraut, Apfelmus, Marmelade oder Leberwurst bestrichen.
[5] Weitere Kleinstadt; circa zehn Kilometer von Lage entfernt.
[6] Gemeint ist die Brennerei Schöttker in Lemgo, die mehrere Wacholderspezialitäten vertreibt.

Die Autorin

Dorthe March, Jahrgang 1978, teilte mit den Herausgeberinnen dieses Buches lange ein Büro – und schon vorher die Liebe zu Gin and Tonic. Für Dorthe steht fest: Sie kann nichts dagegen tun, dass sie in Bars bis heute am liebsten an der Theke sitzt – das müsse in der Familie liegen.

LIPPISCHER SCHÜTZE

Ostwestfälisch

Nein, ein Gin ist er nicht. Trotzdem bekommt der Lippische Schütze einen Ehrenplatz. Weil der Wacholderschnaps der deutsche Cousin des Gins ist und weil uns die Flasche mit ostwestfälischer Lässigkeit den Bauch entgegenstreckt. Hergestellt wird der Schütze von der Brennerei Schöttker in Lemgo.

CHEERS, YOUR MAJESTY

VON VIKTORIA MEINHOLZ

Sie soll schon zum Frühstück einen Gin and Tonic getrunken haben – Grund genug, sie zur größten Gin-Liebhaberin zu küren, doch an Queen Mum lieben wir noch viel mehr. Eine Laudatio.

Beginnen wir mit dem Offensichtlichen: Sie wurde 101 Jahre alt! Das allein ist schon eine Leistung, doch es ist längst nicht alles. Sie war eine Lady und vereinte so vieles in sich, was wir als typisch britisch lieben: untadeliges Benehmen, die leichte Arroganz, sogar die furchtbaren Kostüme in Pastellfarben. Und vor allem Humor! Als sie sich einmal einer Notoperation wegen einer verschluckten Fischgräte unterziehen musste, kommentierte sie, die begeisterte Sportanglerin: „After all these years, the fish are having their revenge."

Sie war eine Kämpferin, ja, gar eine Heldin: Als im Zweiten Weltkrieg deutsche Bomben auf London fielen, harrte sie mit ihrem Mann King George VI. und den zwei Töchtern im Buckingham-Palast aus, anstatt aufs Land zu fliehen. So wurde sie zum Gesicht des Widerstandes gegen die Nazis.

Doch es waren ihre Schwächen, die sie zum beliebtesten Mitglied des britischen Königshauses machten. Da war der Alkohol: Sie liebte ihren Gin and Tonic. Einer musste es täglich sein, gern auch mehr. Das konnte zum Problem auf Reisen werden, wie sie 1965 ihrer Tochter Margaret in einem Brief aus Jamaica schilderte: „I always have very bad luck with the drinks! Perhaps because I'm considered a frail invalid, I am

BEEFEATER
Gütesiegel „Lieblingsmarke" von Queen Mum.

always given delicious fruit drinks with so little alcohol that one feels quite sick! Then I ask timidly if I might have just a very little gin in it ..." Ihr zweites Laster war der Reitsport. Queen Mum liebte es zu wetten. Im Laufe der Jahre wuchsen ihre Wettschulden auf mehrere Millionen Pfund an, die Queen musste die Rechnungen ihrer Mutter begleichen.

Sie hat ein Volk begeistert, unzählige Drinks getrunken, Wetten verloren. Sie wirkte selbst als 100-Jährige nie schwach oder unsicher. Zumindest nicht öffentlich. Als Prinz Charles sie an ihrem 100. Geburtstag zur offiziellen Kutschfahrt zum Buckingham-Palast abholte, saß sie ängstlich auf einem Stuhl. Sie wollte nicht mit, sie fürchtete, dass niemand sie sehen wollte. Doch Charles konnte sie umstimmen: „Come on, Granny – remember Hitler said you were the most dangerous woman in Europe." Sie lachten und stiegen in die Kutsche. Tausende Menschen jubelten ihnen zu.

Queen Mum hat an ein Leben nach dem Tod geglaubt. Hoffen wir nur, dass die da oben einen vernünftigen Gin and Tonic servieren.

Die Autorin

Viktoria Meinholz, Jahrgang 1985, arbeitet als Journalistin in Hamburg und trägt eine gewisse Mitschuld an diesem Buch: Sie hat eine der Herausgeberinnen mit Gin and Tonic bekannt gemacht. Vor vielen Jahren in einer Bar in Hamburg-St. Georg.

Die größten Gin-Liebhaber:

[PLATZ 1] QUEEN ELIZABETH, the Queen Mother – genannt: Queen Mum (1900 bis 2002)

[PLATZ 2] WINSTON CHURCHILL (1874 bis 1965)
Der Vorsprung von Queen Mum betrug höchstens einen Nanometer, aber er ist größere Abstände gewöhnt: Als Prime Minister musste er der Königin auch immer den Vortritt lassen. Dass Winston Churchill ein sehr großer Gin-Fan – noch dazu der mit dem schwärzesten Humor der Politikgeschichte – war, ist unbestritten und würdigen wir im Text „König der Cocktails".

[PLATZ 3] DOROTHY PARKER (1893 bis 1967)
Sie war für Sarkasmus, eine scharfe Zunge und ihren Appetit auf Martinis bekannt. Die New York Distilling Company hat nach der US-amerikanischen Schriftstellerin sogar einen Gin benannt. Gute Entscheidung, finden wir.

[PLATZ 4] IAN FLEMING (1908 bis 1964)
Der Vater von James Bond hat für ihn in *Casino Royale* einen Cocktail erfunden: den Vesper. Er besteht aus Wodka, Kina Lillet und – natürlich – Gin.

[PLATZ 5] RAYMOND CHANDLER (1888 bis 1959)
Der US-amerikanische Autor machte mit seiner Romanfigur Terry Lennox den Gimlet weltberühmt.

GIN ÜBER BORD

VON CECIL S. FORESTER

Katharine Hepburn, Humphrey Bogart, ein kleines Boot auf einem afrikanischen Fluss und jede Menge Flaschen *Gordon's* Gin – fertig ist der Filmklassiker *African Queen*. Die Handlung: Die sittenstrenge Missionsschwester Rose Sayer überredet den trunksüchtigen Süßwasserkapitän Charlie Allnutt, sein Schiff als Waffe gegen die deutschen Feinde einzusetzen (auch in Afrika wütet der Erste Weltkrieg). Doch dazu muss Charlie dem Alkohol abschwören …
Ein Auszug aus der Romanvorlage.

Die Abenddämmerung enthüllte ihr den wie eine Leiche auf den Bodenplanken liegenden Allnutt. Sein Gesicht, das der sprießende Bart noch nicht ganz verdeckte, hatte eine schmutzig graue Farbe, und aus seinem offenen Mund kamen leise, aber unangenehme Laute. Er bot wahrlich keinen erfreulichen Anblick. Rose stand auf und stieg über ihn hinweg, sie hätte ihn mit dem Fuß weggestoßen, aber sie wollte keinen Allnutt wecken, der gegen das, was sie vorhatte, nur heftig protestiert hätte. Sie zog die

Kiste mit Gin hervor, nahm eine Flasche heraus und entfernte den Aluminiumverschluss. Er war von jener praktischen Sorte, für die man keinen Korkenzieher benötigte. Sie goss den Inhalt über Bord, ließ die Flasche hinterherplumpsen und nahm sich die nächste vor.

Als das Geglucksе der aus dem Flaschenhals strömenden Flüssigkeit zum dritten Mal an sein Ohr drang, murmelte Allnutt etwas vor sich hin, öffnete dann die Augen und versuchte, sich aufzusetzen.

„Jesus!“, sagte er. Nicht der Anblick dessen, was Rose gerade tat, war der Grund für diesen Ausruf, denn noch wusste er nicht, woher das Geräusch rührte, das ihn geweckt hatte. Allnutts Schädel war ein einziger Klumpen rot glühenden Schmerzes. Außerdem schien sein Kopf an den Bodenplanken festgenagelt, sodass jeder Versuch, ihn anzuheben, Qualen bereitete. Dazu kam noch, dass seine Augen sich gegen das Licht wehrten; als er sie öffnete, verstärkten sich die Qualen. Er schloss die Augen und stöhnte; sein Mund war wie ausgedörrt, und der Hals tat ihm weh.

Allnutt war kein Trinker, sein schmächtiger Körper vertrug keinen Alkohol. Möglicherweise hatte diese mangelnde Alkoholverträglichkeit etwas mit seiner ungeklärten Anwesenheit in Deutsch-Ostafrika zu tun. Eine einzige durchzechte Nacht versetzte ihn sofort in diesen kläglichen Zustand, dem Erbrechen nah, blass und zitternd und bereit zu schwören, dass dies das letzte Mal gewesen sei – und tatsächlich willens, mindestens einen Monat lang nicht mehr zu trinken.

Rose ignorierte sein Stöhnen und Wimmern. Sie warf ihm nur einen zornerfüllten Blick zu und goss den Inhalt der letzten Flasche aus der Kiste über Bord. Dann ging sie nach vorn und holte die zweite Kiste mit Gin zwischen den gestapelten Vorräten hervor. Mit Allnutts bevorzugtem Schraubenzieher bewaffnet, begannen ihre kräftigen Fäuste, zerrend und stemmend die Kiste zu öffnen. Als sich der Kistendeckel splitternd und krachend von den Nägeln löste, drehte sich Allnutt zur Seite, um sie wieder anzusehen. Unendlich mühsam erreichte er eine sitzende Position und presste dann die Hände gegen die Schläfen, von denen er glaubte, sie würden mit weiß glühenden Hämmern bearbeitet. Völlig verständnislos starrte er Rose mit seinen schmerzenden Augen an.

„Allmächtiger!", stieß er kläglich hervor. Rose verschwendete weder Zeit noch Mitgefühl an ihn; gelassen fuhr sie fort, Gin über Bord zu schütten. Allnutt kam auf die Knie, indem er sich mit den Armen an der Bank hochzog. Beim zweiten Versuch gelang es ihm, seine Knie auf die Bank zu bekommen, und von dort hing er dann mit dem Körper über der Bordwand. Rose dachte, dass er in den Fluss fallen könnte, aber sie scherte sich keinen Deut darum.

Er beugte sich zu dem gurgelnden braunen Wasser hinunter und begann, hastig zu trinken. Dann ließ er sich auf die Bank zurückfallen und erbrach prompt das ganze Wasser, das er getrunken hatte; und danach fühlte er sich besser. Das Licht tat jetzt seinen Augen nicht mehr weh.

Rose ließ die letzte Flasche in den Fluss fallen und vergewisserte sich, dass keine mehr in der Kiste war. Sie kehrte wieder zu den Achtersitzen zurück und ging dabei in greifbarer Nähe an Allnutt vorbei, scheinbar ohne seine Gegenwart zu bemerken. Sie nahm aus ihrer Blechkiste ihre Toilettensachen, hob eine der Decken auf und ging damit wieder ins Vorschiff. Ehe es Allnutt gelang, seinen Kopf in diese Richtung zu drehen, war die Decke zwischen Verspannung und Schornstein befestigt und Rose gegen fremde Blicke abgeschirmt. Als sie die Decke wieder abnahm, war ihre Toilette offensichtlich beendet, sie faltete die Decke zusammen, immer noch, ohne ihn zu beachten, machte sich dann ein Frühstück und begann, es in aller Ruhe zu verzehren. Als sie ihr Frühstück beendet hatte, räumte sie alles fort und kam zurück ins Heck, auch jetzt noch, ohne ihn eines Blickes zu würdigen oder das Wort an ihn zu richten. Anscheinend völlig in ihre Arbeit vertieft, sortierte sie die schmutzige Wäsche aus ihrer Blechkiste und machte sich daran, sie an der Bordwand zu waschen. Anschließend klammerte sie jedes Stück zum Trocknen an das Segel über ihr. Als sie damit fertig war, setzte sie sich hin und tat nichts; Allnutt blieb weiterhin unbeachtet. In der Tat war dies der Beginn des großen Schweigens.

African Queen

Der Text ist nur ein kleiner – drei Seiten langer – Auszug aus dem Roman von Cecil S. Forester. Das ganze Buch gibt's im Unionsverlag. Kultstatus hat jedoch vor allem der Film mit Katharine Hepburn und Humphrey Bogart in den Hauptrollen (auf DVD erschienen).

GORDON'S

Erfolgreich

Gordon's ist nicht nur ein Gin mit langer eigener Geschichte, er hat auch Geschichte geschrieben – in der Werbebranche. Nachdem Katharine Hepburn im Filmklassiker *African Queen* eine *Gordon's*-Flasche nach der anderen über Bord geworfen hatte, stiegen die Verkaufszahlen des Gins weltweit. Erfolgreiches Product Placement.

ELEPHANT

Tierisch

Trinken und dabei Elefanten retten? Das geht! Wirklich! Wer eine Flasche des deutschen *Elephant* Gin kauft, spendet automatisch 15 Prozent des Kaufpreises an eine Stiftung, die Elefanten in Afrika vor Wilderern schützt. Doch es gibt noch mehr fürs Geld: nämlich einen exzellenten Gin mit afrikanischen Wurzeln und Früchten, aber auch deutschen Äpfeln.

WHITLEY NEILL

Afrikanisch

Ob Johnny Neill mit seiner Frau jemals einen afrikanischen Fluss entlanggeschippert ist, ist nicht überliefert. Was wir wissen: Die Heimat seiner Gattin ist Südafrika, und das Land hat den Spross der Destillier-Dynastie Greenall Whitley zu diesem Gin inspiriert. Mit exotischen Zutaten wie Physalis und den Zitrusfrüchten des Baobab-Baums.

GINWORLD

AB AN DIE BAR!
WAS FREUNDE UND FREUNDE VON FREUNDEN EMPFEHLEN

LUDWIG, atemberaubendes Indien: *AER Bar*
„Bombay ist eine spannende Metropole! Die Stadt liegt direkt am Meer und ist mit zwölf Millionen Einwohnern so bunt und vielfältig wie keine andere Indiens. Meine Lieblingsbar ist die *AER Bar* im 34. Stock des Four Seasons Hotels. Ich liebe es, dort oben mit einem Gin and Tonic in der Hand auf den Sonnenuntergang zu schauen. Atemberaubend! Den G&T trinke ich natürlich mit einem Bombay Sapphire – versteht sich von selbst."

ROBERT, Pause in Japan: *New York Bar*
„Die Bar im 52. Stock des Park Hyatt Hotels war Kulisse für *Lost in Translation* und ist der perfekte Ort für Fremde in Tokio! Ich habe das 2010 erlebt: In Tokio passieren die gegensätzlichsten Dinge nebeneinander, hier die uniformen Büroangestellten, dort die Punks der Harajuku-Szene. Und so unglaublich die Kultur auf Westler wie mich wirkt, so unglaublich ist auch der Blick aus der Bar auf Tokio. Perfekt, um in Ruhe durchzuatmen."

MARTIN, Zeitreise mit Aufbruchstimmung: *Foreign Correspondent's Club*
„Ich mag die Stimmung in Kambodscha. Sie kommt mir vor wie eine gute Mischung aus verruchtem Kolonialcharme, Aufbruchstimmung und der bedrückenden, doch überaus interessanten und noch fühlbaren Geschichte. Am spürbarsten ist das bei einem Besuch in der Bar des *Foreign Correpondent's Club* in Phnom Penh. Und das bei großartigen Drinks und gutem Essen. Einzigartig!"

BOMBAY SAPPHIRE EAST
Fernöstlich: Der East ist der kleine Bruder des Bombay Sapphire (S. 109) – mit Asia-Touch.

BLACK GIN
Gar nicht japansich: Trotzdem ist der Black Gin mit seinen klaren Aromen der ideale Absacker für Tokio.

MAYFAIR
Nobel: Der Mayfair ist nicht asiatisch, sondern typisch britisch. Klassisch, fein und exzellent.

DIE ADRESSEN ZU DEN GESCHICHTEN

WACHOLDER AUS WELTRANDLAGE

Death's Door Spirits
2220 Eagle Drive
Middleton, Wisconsin 53562
www.deathsdoorspirits.com

Washington Hotel
354 Range Line Road
Washington Island,
Wisconsin 54246
www.thewashingtonhotel.com

KOCHEN IST LIEBE

Rotkehlchen
Bergstr. 75a
48143 Münster
www.rotkehlchen-muenster.de

EINE SONNENBRILLE FÜR MNEMOSYNE

Harry's (New York) Bar
5 Rue Daunou
75002 Paris
www.harrysbar.fr

MIXENDE KUNST

Goldene Bar München
Prinzregentenstraße 1
80538 München
www.goldenebar.de

TRINKT WHISKY!

Tier Neukölln
Weserstraße 42
12045 Berlin

Kirk Bar
Skalitzer Straße 75
10997 Berlin
www.kirkbar-berlin.de

KUMMER AUF GIN

Frank 'n Hank Dive Bar
518 S Western Ave
Los Angeles 90020

KEIN GIN IST AUCH KEINE LÖSUNG

The Duke Destillerie
Barer Straße 53
80799 München
www.theduke-gin.de

WELCOME TO LONDON!

Sipsmith – The Distillery
27 Nasmyth Street
London W6 OHA
www.sipsmith.com

Portobello Star
171 Portobello Rd
London W11 2DY
www.portobellostarbar.co.uk

Graphic Bar
4 Golden Square
London W1F 9HT
www.graphicbar.com

Experimental Cocktail Club
13a Gerrard St
London W1D 5PS
www.chinatownecc.com

Coya Restaurant
118 Piccadilly
London W1J 7NW
www.coyarestaurant.com

Cuckoo Club
Swallow St
London W1B 4EZ
www.thecuckooclub.com

Little Bird Gin
www.littlebirdgin.com

Maltby Street Market
40 Maltby St
London SE1 3PA
www.maltby.st

WAS FÜR EIN PREUSSE

Preußische Spirituosen
Manufaktur
Seestraße 13
13353 Berlin
www.psmberlin.de

DIE SCHWARZWALD-ALCHEMISTEN

Black Forest Distillers
Oberwiesachstr. 3
72290 Loßburg-Betzweiler
www.monkey47.com

GINWORLD

AER Bar
114, Dr E Moses Rd
Worli
Mumbai
www.fourseasons.com/mumbai/
dining/lounges/aer/

New York Bar
3-7-1-2 Nishi Shinjuku
Shinjuku-Ku
Tokio
www.tokyo.park.hyatt.com/en/
hotel/dining/NewYorkBar.html

Foreign Correspondent's Club
363 Sisowath Quay
Phnom Penh
www.fcccambodia.com

WER WIR SIND

MELANIE JONAS, 1977 in Kiel geboren.
Die Diplom-Kauffrau ist an der Ostsee aufgewachsen, hat ein Jahr in Australien gelebt und wohnt heute in Hamburg. Als sie sich bei einem Urlaub in Indien fragte, warum die Bestellung eines Gin and Tonic so kompliziert geworden ist, entstand die Idee zu diesem Buch (S. 9). Und als ein Verlag gefunden war, reiste sie als Erstes nach London, um dort nach den besten Gins und Bars zu suchen.

JÜRGEN KAFFER, 1956 in Coburg geboren.
Er musste nicht lange überredet werden. Als seine gute Freundin Melanie ihm von ihrer Idee erzählte, stapelten sich sofort die Seiten in seinem Kopf. Grafik-Designer aus Leidenschaft eben. Er hat die Gestaltung dieses Buchs ein Jahr lang zu seinem Hobby gemacht, ist dafür sogar nach L. A. geflogen und hat mit seinem Freund Gabor die Bildideen der Kapitel ausgeheckt.

MARGITTA SCHULZE LOHOFF, 1982 in Steinfurt geboren.
Sie mag Buchstaben und gute Drinks, deshalb ist die Berliner Autorin für die Texte im Buch verantwortlich. Ihre Aufgaben: einmal ans Ende der Welt fahren, die Nase in Botanicals mit Hafenbeckenaroma stecken, eine Liebesgeschichte erleben und Gin trinken. Ach ja, nasse Füße bekam sie auch noch, erfreulicherweise jedoch keine kalten. Klingt bemitleidenswert? Nein, nein, beneidenswert!

GABOR EKECS, 1962 in München geboren.
Er ist ein Glückskind. Erstens wohnt Gabor Ekecs in der Sonnenstadt L. A., und zweitens hat er als Fotograf einen Job, der manchmal perfekt sein kann. Zumindest wenn ähnliche Aufträge wie für dieses Buch reinkommen: „Trommel gute Freunde zusammen, kocht, trinkt und feiert gemeinsam und fotografiere das alles." Hat er gemacht – und wie!